AF591241

L A

Venerie de

Iaques du Fouilloux Escuyer,

SEIGNEVR DVDIT LIEV, PAYS DE Gastine, en Poitou.

Dediée au Roy Treschrestien CHARLES neufiesme de ce nom.

Plusieurs Receptes et Remedes pour guerir les Chiens de diuerses maladies.

P L V S,

L'Adolescence de l'Autheur.

Auec Priuilege du Roy.

A POITIERS,

Par les de Marnefz, & Bouchetz freres.

1561

Par Priuilege du Roy, donné à Ian et Enguilbert de Marnefs et Iaques Bouchet freres, est permis d'Imprimer et vendre ce present liure, intitulé, VENERIE PAR JAQUES DU FOUILLOUX. Et deffense a tous autres Libraires et Jmprimeurs, de non en vendre ni imprimer autres que ceus imprimés par lesdits de Marnefs et Bouchet, iusques au temps de dix ans ensuiuans : soubz les peines contenues par les lettres surce faittes, données a Orleans le vingt et troiziesme iour de Decembre, mil cinq cens soixante. Signées par le Roy en son conseil DELOMENIE. *et séelées du grand séel sur simple queuë.*

Au treſchreſtien Roy

ET MONARQVE DE France, par ſon humble ſerf, du Foüilloux.

IL EST CERTAIN, *Sire, que les hommes de tout temps ſe ſont addonnez a pluſieurs ſciences hautes et ocultes : les vns a la Philoſophie, pour contenter leurs eſpritz, les autres aux artz mechaniques,*

pour les richesses mondaines : les inuentions desquelz ont esté disperses en tant de manieres, qu'il est presque impoßible de les deduire par le menu : tellement qu'apres auoir le tout consideré, ie me suys voulu arrester au dire de ce grand sage Salomon, qui ha escript que toutes choses qui sont soubz le Soleil ne sont que vanitez, d'autant qu'on ne veoyt science ni art qui puisse allonger la vie plus que le cours de Nature. Parçe il m'ha semblé, Sire, que la meilleure science que pouuons apprendre (apres la crainte de Dieu) est se tenir ioyeux, vsant d'honnestes exercices : entre lesquelz ie n'en ay trouué aucun plus loüable que l'art de Venerie. Et d'autant que des ma ieunesse ie me suys exercé en celuy art, selon mon petit pouuoir, ainsi que mes predecesseurs, ie n'ay voulu estre negligent a rediger par escript ce qu'en auroys apprins par experience. Et combien qu'il en y ha en vostre Court qui peuuent mieux le faire que moy, toutesfois i'ay heu tant de confiance en vostre humaine maiesté, que ie n'ay craint vous presenter ce mien tel quel labeur, esperant que le receuriez en gré, comme de celuy qui est vostre treshumble esclaue et serf.

TABLE DES CHAPITRES.

Fin de la Table.

VENERIE PAR JAQVES DV FOVILLOVX.

De la race, & antiquité des Chiens courans, & qui premierement les amena en France.

CHAP. PREMIER.

I'AY VOVLV diligemment regarder tant au dire des anciens que modernes, d'ou est venue la premiere race des Chiens courans en France, et n'ay trouvé chronique ou histoire qui en parle de plus long temps qu'vne que i'ay veüe en Bretaigne, faicte par vn nommé Ioannes Monumetensis : laquelle traicte qu'apres la piteuse et espouantable destruction de Troye la grand, Eneas arriua en Italie, auec son filz Ascanius, lequel fut Roy des Latins, et engendra vn filz nommé Syluius, duquel descendit Brutus, qui aymoit fort la chasse.

Or aduint que son pere et luy estans vn iour en vne Forest, courans vn Cerf, furent surprins de la nuict : et voyans le Cerf deuant eux forcé des Chiens, allerent a luy pour le tuer. La fortune aduint telle a Brutus (comme Dieu le voulut) qu'ainsi qu'il pensoit aller tuer le Cerf, il tua son pere Syluius, qui causa le peuple a s'esleuer et mutiner contre luy, pensant qu'il l'eust faict par vne malice et cupidité de regner, et pour auoir le gouuernement du Royaume, tellement que pour euader leur grande fureur et indignation, Brutus fut contraint s'en aller du pays, et entreprint le voyage de Grece, pour aller deliurer quelque nombre de Troyens, ses compaignons et alliez, qui estoyent encores detenuz captifz du temps de la destruction de Troye : laquelle chose il feit a force d'armes. Or apres les auoir deliurez, il assembla grand nombre d'hõmes d'icelle nation Troyenne : ausquelz il feit faire serment de ne retourner iamais en leurs pays, tant pour le deshonneur qu'ilz y auoyent receu, que pour la perte irrecuperable de leurs biens, et pour les regretz de leurs parentz et amys qui estoyẽt mortz es cruelles batailles. Alors il feit appareiller grand nombre de nauires, esquelles il s'embarqua luy et tous ses hommes, et amena auec luy grande quantité de Chiens courans et Leuriers. Puys nauigua tant qu'il passa le destroit de Gilbathar, entrant en la mer Oceane, et vint descendre aux isles Armoriques, que pour le iourd'huy nous nommons Bretaigne, a cause de son nom Brutus : laquelle il conquit sans resistance, et en fut paisible l'espace de quatre ans. Onquel temps vn de ses capitaines, nommé Corineus, edifia la ville de Cornoüaille. Bien tost apres qu'ilz se furent accommodez et habituez ondit pays, Brutus et son filz Turnus, qui auoyent, comme dit est, amené grand nombre de Chiens courans, s'en allerent chasser en de grandes forestz, qui cõtenoyẽt de longueur depuis Tiffauge iusques aupres de Poitiers, dont vne partie du pays se nomme pour le iourd'huy la Gastine.

Or en celuy temps regnoit en Poitou et Aquitaine vn Roy nommé Groffarius Pictus, qui faisoit sa continuelle residence a Poitiers, lequel vn iour entre les autres fut aduerty que les Troyens faisoyent grand' exercice en l'estat de Venerie, et qu'ilz chassoyent ordinairement en ses Forestz, auec telle race de Chiens, que depuis qu'ilz auoyent trouué vn Cerf, ilz ne l'abandonnoyent iamais qu'il ne fust mort. Ce Roy Groffarius ayãt ouy telles nouuelles, fut courroucé et fasché, tellement qu'il delibera de leur faire la guerre, et assembla toutes ses forces. Les Troyens aduertis de telle assemblee, marcherent le long de la riuiere de Loire, auec toute leur puissance, et se rencontrerent au lieu ou pour le iourd'huy est situee la ville de Tours, ou ilz se donnerent la bataille, en laquelle fut tué Turnus, filz aisné de Brutus, et en memoire de luy fut edifiee la ville, et du nom de Turnus fut nommee Tours.

J'ay bien voulu raconter ceste hystoire, pour donner a entendre qu'il y ha long temps que les Chiens courans sont en vsage en la Bretaigne, et croy certainement qu'iceulx Troyens ont esté les premiers qui en ont amené la race en ces pays: car ie ne trouue point histoire qui en face mention de plus haute cognoissance que celle la. Et est vne chose asseuree que la plus grande part des races des Chiens courans qui sont en France, et autres pays circonuoysins, est sortie du pays de Bretaigne, exceptez les Chiens blancs, la race desquelz ie pense estre venue de Barbarie, pour m'en estre enquis, moy estant quelques-fois a la Rochelle, a plusieurs Pilotes de Mer, et entre autres a vn vieil homme nommé Alfonce, qui auoyt esté par plusieurs fois a la court d'vn Roy de Barbarie, nommé le Doncherib, lequel faisoit grand mestier de chasse, et principalement de prendre le Rangier a force : et me comptoit que tous les Chiens de sa Venerie estoyent blancs, et que tous les Chiens de ce pays la l'estoyent aussi. Et certes ie croy qu'a la verité les Chiens blancs sont venuz des regions chaudes, d'autant qu'ilz ne laissent a courir pour quelque chaleur qu'il face : ce que les autres Chiens ne font pas. Phebus s'accorde a ceste oppinion, disant qu'il ha esté en Mauritanie, autrement dicte Barbarie, ou il ha veu prendre le Rangier a force, a des Chiens qu'il nomme Baux : lesquelz ne laissent a courir pour chaleur qui puisse faire. Dont mon oppinion est, que la race des Chiens blancs est sortie de ces Chiens Baux de Barbarie dont Phebus entend parler. Je ne mettray autre chose des antiquitez, mais ie vous escriray cy apres du naturel et complexion tant des Chiens blancs, fauues, gris, que noirs : lesquelz sont les plus commodes pour les Princes et Gentilz hommes.

Du naturel & complexion des Chiens blancs, dictz Baulx, & surnommez Greffiers.

CHAP. 2.

LES Chiens blancs ont esté mis en auant en France par deffunct monsieur le grand Seneschal de Normandie : et au parauant estoyent en peu d'estime, principalement entre les gentilz hommes, d'autant qu'ilz ne sont pas communs a courir toutes bestes, mais seulement le Cerf Le premier de la race auoit nom Souillard, lequel fut donné par vn pauure gentil homme au feu Roy Loys: qui n'en feit pas grand compte, d'autant qu'il aymoit sur tout les Chiens gris, desquelz estoyt toute sa meute, et ne faisoyt cas d'autres Chiens, si ce n'estoyt pour faire Limiers.

le SeneschalGaston estant present auec le gentilhomme qui auoyt offert le Chien, cognoissant bien que le Roy n'aymoit point ce Chien, le supplia de luy donner, pour en faire present a la plus sage dame de son Royaume, et le Roy luy demanda qui elle estoit : c'est, dit il, Anne de Bourbon, vostre fille. Je vous reprens, respond le Roy, sur ce point de l'auoir nommee la plus sage : mais dites moins folle que les autres, car de sage femme n'y ha point au monde. Lors le Roy donna ce Chien au Seneschal Gaston, qui ne le mena gueres loing qu'il ne luy fust demandé : car monsieur le grand Seneschal de Normandie l'importuna tant, qu'il fut contraint de luy donner. Puis monsieur le grand Seneschal le bailla en garde a vn Veneur, nommé Jaques de Brese : et deslors on commença a luy faire courir des Lyces, et en faire race. L'annee apres madame Anne de Bourbon, laquelle aymoit fort la Venerie, ayant entendu de la bonté et beauté de ce Chien, enuoya vne Lyce nommee Baude, qui fut couuerte et emplie de ce Chien, par deux ou troys fois, dont en sortit quinze ou seze Chiens, et entre autres six d'excellence, ainsi nommez, Clerault, Joubard, Miraud, Meigret, Marteau, et Hoise la bonne Lyce. Depuys la race c'est tousiours augmentee, comme elle est a present : combien qu'au commancement les Chiens de ceste race n'estoyent pas si fortz comme ilz sont pour le iourd'huy : car le feu Roy Françoys les ha renforcez par vn Chien nommé Miraud, qui estoyt fauue, lequel monsieur l'Admiral d'Annebaud luy auoyt donné. Et encores depuys la Royne d'Escosse donna au Roy vn Chien blanc, nommé Barraud, duquel Marconnay, lieutenant de la Venerie, ha tiré de la race, dont les Chiens sont bons par excellence : et beaucoup plus fortz que n'ont esté tous les autres. Et a la verité telz Chiens sont dediez pour les Roys, desquelz ilz se doyuent seruir, d'autant qu'ilz sont beaux chasseurs, requerans, forcenans, et de haut nez : qui ne laissent pour chaleurs qui puyssent estre, a chasser, sans se rompre a la foule des piqueurs, ni au bruyt et cry des hommes, qui sont continuellement auec les Princes : et gardent mieux le change que nulle des autres especes de Chiens, et sont de meilleure creance : touteffois ilz veulent estre accompagnez de piqueurs, et craignent vn peu l'eau, principalement en Hyuer, quand le temps se porte froid.

Je ne veux oublier a donner entendre lesquelz Chiens de ceste race se trouuent les meilleurs, parce qu'en vne laictee il ne s'en trouue pas la moytié de bons. Il faut sçauoir que ceux qui sont naissans tous d'vne piece, cōme ceux qui sont tous blancs, sont les meilleurs : et pareillement ceux qui sont marquetez de rouge : les autres qui sont marquetez de noir, et de gris salle tirant sur le bureau, sont de peu de valeur : dont en y ha aucuns subiectz a auoir les piedz gras et tendres. Aucuneffois Nature besongne de telle sorte qu'elle en fait sortir de tous noirs : ce qui ne se fait pas souuent, mais quand il aduient ilz se trouuent fort bons. Et faut noter que les Chiens de ceste race ne sont en leur bonté qu'ilz n'ayent enuiron troys ans, et sont subietz a courir au bestail priué.

Des Chiens fauues, & de leur naturel.

CHAP. 3.

IE N'AY leu autre chose de l'antiquité des Chiens fauues, ſinon que i'ay trouué dans vn vieil liure eſcrit a la main, fait par vn veneur: qui faiſoit mention d'vn ſeigneur Breton, nommé Huet de Nantes, que l'Autheur d'iceluy liure eſtimoit fort en l'eſtat de Venerie: lequel donnoit, entre autres, tel blaſon aux Chiens de la meute dudit ſeigneur,

„ Tes Chiens fauues, Huet, par les foreſtz
„ Prenent a force Cheureulx, Biches, & Cerfz:
„ Toy par fuſtayes emporte ſur tous pris
„ De bien parler aux Chiens en plaiſans cris.

¶ Aussi i'ay veu dans vne Chronique, en la ville de Lembale, vn chappitre, qui fait mention qu'vn seigneur dudit lieu auec vne meute de Chiens fauues et rouges, lança vn Cerf en vne forest en la comté de Painctieure, et le chassa et pourchassa l'espace de quatre iours : tellement que le dernier iour il l'alla prendre pres la ville de Paris. Et est a presumer que les Chiens fauues sont les anciens Chiens des Ducz et seigneurs de Bretaigne : desquelz monsieur l'Admiral d'Annebaud, et ses predecesseurs ont tousiours gardé de la race : laquelle fut premierement commune au temps du feu Roy Françoys, pere des Veneurs. Ces Chiens fauues sont de grand cueur, d'entreprinse, et de haut nez, gardans bien le change : et sont presque de la complexion des blancs, excepté qu'ilz n'endurent pas si bien les chaleurs, ne la foule des piqueurs : mais ilz sont plus vistes, communs, et plus ardans. Et si d'auenture il aduient qu'vne beste se forpaïse par les campagnes, ilz ne la cuident pas abandonner. Leur complexion est forte, car ilz ne craignent ne les eaux, ne le froid, et courent seurement, et de grande hardiesse. Ilz sont beaux chasseurs, aymans communement le Cerf sur toutes autres bestes, et sont plus opiniastres et mal aisez a dresser que les blancs, et de plus grand' peine, et trauail. Les meilleurs qui sortent de la race de ces Chiens fauues, sont ceux qui ont le poil plus vif, tirant sur le rouge, et qui ont vne tache blanche au front, ou au col, pareillement ceux qui sont tous fauues : mais ceux qui tirent sur le rauré, estans marquetez de gris ou de noir, ne valent gueres. Ceux qui sont retroussez, et herigotez sont bons a faire des Limiers. Et en y ha quelques vns ayans la queuë espiee qui se trouuent bons et vistes. Et parce qu'auiourd'huy les Princes ont fait mesler les races des Chiens blancs, et des Chiens fauues ensemble, ilz en sont beaucoup plus fortz, et meilleurs a courir le Cerf, qui est le vray moyen pour donner plaisir aux Roys, et aux Princes : mais pour les Gentilz hommes telz Chiens ne sont pas communs, par ce qu'ilz ne veulent faire qu'un mestier, et qu'ilz ne font cas de Lieures, ni d'autres menues bestes : et aussi qu'ilz sont subiectz a courir au bestail priué.

De la complexion & nature des Chiens gris. CHAP. 4.

LES CHIENS gris sont ceux desquelz se seruoyent anciennement les Roys de France, et les Ducz d'Alençon. Ilz sont Chiens communs, par ce qu'ilz sçauent faire plusieurs mestiers, a ceste cause ilz sont commodes pour Gentilz-hommes : car leur naturel ou complexion est telle, qu'ilz courent toutes les bestes qu'on leur voudra faire chasser. Les meilleurs de toute la race, sont ceux qui sont gris sur l'eschine, estans quatroillez de rouge, et les iambes de mesme poil, comme de la couleur de la iambe d'vn Lieure. Il en sort aucunes-fois quelques vns qui ont le poil au dessus de l'eschine d'vn gris tirant sur le noir, et les iambes tanellees et ondees de rouge et de noir, lesquelz se trouuent bons par excellence. Et combien que des Chiens gris il n'en soit gueres de mauuais, si est-ce que les trop gris argentez, ayans les iambes fauues tirantes sur le blanc, ne sont pas si vistes ne si vigoureux que les autres. Les Princes n'en peuuent tirer du plaisir pour beaucoup de raisons, dont l'vne est, par ce qu'ilz craignent grandement la foule des piqueurs, et le bruit, d'autant qu'ilz sont Chiens ardans, et de grand cueur, qui se mettent hors d'halene au cry et bruit des hommes, aussi qu'ilz craignent les chaleurs, et n'ayment pas vne beste qui ruse et tournoye : mais si elle tire pays, il est impossible de veoir courir de plus vistes et meilleurs Chiens, combien qu'ilz soyent opiniastres, de mauuaise creance, et subietz a prendre le change, a cause de l'ardeur et folie qu'ilz ont, et des grans cernes qu'ils prenent en leur default. Et sur tout veulent cognoistre leur maistre, et principalement sa voix, et sa trompe, et feront pour luy quelque chose plus que pour tous les autres. Ilz ont vne malice entr'eux, qu'ilz cognoissent bien a la voix de leurs cõpaignons s'ilz sont seurs ou non, car s'ilz sont mẽteurs, ilz n'iront pas volũtiers a eux. Ilz sont Chiẽs de grand' peine, ne craignans le froid ne les eaux, et s'ilz sentent vne beste mal menee, et qu'elle se laisse approcher vne fois, ilz ne l'abandõneront iamais qu'elle ne soit morte. Ceux qui en veulent tirer du plaisir, il faut qu'ilz facent en ceste sorte. Au partir du descouple ilz les doyuẽt piquer le plus froidement qu'ilz pourrõt, auec peu de bruit, a cause qu'ilz sont ardans, et outrepassent les routes ou voyes de la beste qu'ilz courent : a ceste cause les piqueurs ne doyuẽt approcher d'eux qu'ilz ne les voyẽt tirer pays, ni au defaut pareillement : et se faut donner garde de les croiser, de peur qu'ilz retournent sur eux, et ainsi s'en tirera du plaisir.

Des Chiens noirs anciens de l'abbaye sainct Hubert en Ardene.

CHAP. 5.

LES CHIENS que nous appellons de sainct Hubert, doyuent estre communément tous noirs, toutesfois on ha tant meslé leur race, qu'ilz en vient aujourd'huy de tous poilz. Ce sont les Chiens dont les Abbez de sainct Hubert ont tousiours gardé de la race, en l'honneur et memoire du sainct, qui estoit veneur auec sainct Eustache, dont est a coniecturer que les bons Veneurs les ensuyuront en Paradis, auec la grace de Dieu. Pour reuenir au premier propos, ceste race de Chiens ha esté semee par les pays d'Haynaud, Lorraine, Flandre, et Bourgongne. Ilz sont puissans de corsage,

corsage, toutesfois ilz ont les iambes basses et courtes : aussi ne sont ilz pas vistes, combien qu'ilz soyent de hault nez, chassans de forlonge, ne craignans les eaux ne les froidures, et desirent plus les bestes puantes, comme Sangliers, Regnardz, et leurs semblables, qu'autres, par ce qu'ilz ne se sentent pas le cueur ne la vistesse pour courir et prendre les bestes legieres. Les Limiers en sortent bons, principalement pour le noir, mais pour en faire race pour courir, ie n'en fais pas grand cas: toutesfois i'ay trouué vn liure, qu'vn Veneur adroissoit a vn Prince de Lorraine, qui aymoit fort la chasse, ou il y auoit vn blason qu'iceluy Veneur donnoit a son Limier, nommé Souillart, qui estoit blanc.

,, De sainct Hubert sortit mon premier nom,
,, Filz de Souillart Chien de tresgrand renom.

Dont est a presumer qu'il en sort quelques vns blancs, mais ilz ne sont de la race des Greffiers, que nous auons pour le iourd'huy.

Les signes par lesquelz on peut cognoistre vn bon & beau Chien.

CHAP. 6.

IL FAVT qu'vn Chien, pour estre beau et bon, ayt les signes qui s'ensuyuent. Premierement ie commenceray a la teste, laquelle doyt estre de moyenne grosseur, et est plus a estimer quand elle est longue que camuse. Les nazeaux doyuent estre gros et ouuers, les oreilles larges, et de moyenne espesseur, les reins courbez, le rable gros, les hanches aussi grosses et larges, la cuisse troussee, et le iarret droit bien herpé, la queuë grosse pres des reins, et le reste gresle iusques au bout, le poil de dessoubz le ventre ruae, la iambe gresse, la patte du pied seche, et en forme de celle d'un Regnard, les ongles gros. Et deuez entendre qu'on ne veoit gueres de Chiens retroussez, ayans le derriere plus haut que le deuant, estre vistes. Le masle doyt estre court et courbé, et la Lyce longue. Or pour vous declairer la signification des signes, il est a sçauoir que les nazeaux ouuerts signiffient le Chien de hault nez. Les reins courbez, et le iarret droit, signiffient la vistesse. La queuë grosse pres des reins, longue et deliee au bout, signiffie bonne force aux reins, et que le Chien est de longue halene. Le poil rude au dessoubz du ventre, denote qu'il est pemble, ne craignant point les eaux ne le froid. La iambe gresse, le pied de Regnard, et les ongles gros, demonstrent qu'il n'ha point le pied gras, et qu'il est fort sur ses membres, pour courir longuement sans s'aggrauer.

Comme on doyt eslire vne belle Lyce pour porter Chiens, & le moyen de la faire entrer en chaleur : Aussi les signes soubz lesquelz elle doyt estre couuerte pour porter Chiens masles, qui ne soyent subietz a maladie.

CHAP. 7.

SI vous voulez auoir de beaux Chiens, il faut auoir vne belle Lyce, qui soit de bõne race, forte, et biẽ proportiõnee de ses mẽbres, ayant les costez et les flans grãs et larges, laquelle pourrez faire venir en chaleur en ceste maniere. Prenez deux testes d'aulx, et vn demy couillon d'vne beste qui se nomme Castor, auec du ius de cresson alenois, et vne douzaine de mousches, qui se nõment Gantharides, et faictes bouillir le tout ensemble en vn pot tenant vne pinte, auec de la chair

de Mouton, et en faictes boire par deux ou trois foys en potage a la Lyce, elle ne faudra iamais de venir en chaleur. Et autant en peut on faire au Chien pour le rechauffer. Puis quand vous verrez que la Lyce sera chaude, attendez le plein discours de la Lune a passer, pour la faire couurir: et la faictes emplir soubz les signes de Gemini et Aquarius, car les Chiens qui naistront en ce temps, ne seront si subietz a la rage, et en viendra plus de masles que de femelles. Aussi on dit qu'il y ha vne estoile nommee Arcture, et que si les Chiens naissent soubz le regne d'icelle, qu'ilz seront fort subietz a la rage. Pareillement faut entendre plusieurs secretz, dont le premier est: Que de quelque Chien qu'vne Lyce sera couuerte, la premiere fois qu'elle sera en chaleur, et de sa premiere portee, soit de Mastin, Leurier, ou Chien courant, en toutes les autres portees qu'elle aura apres, il s'en trouuera tousiours quelqu'vn qui resemblera le premier Chien qui l'aura couuerte: qui est la cause qu'on doyt bien regarder a la premiere fois qu'elle viẽdra en chaleur, de la faire couurir a quelque beau Chien de bonne race, car en toutes les autres laictees qu'elle portera, il en y aura tousiours quelques vns qui tiendront de la premiere. Et par ce qu'auiourd'huy on ne faict cas des premieres laictees des Chiennes, veu qu'on pense que les Chiens qui en sortent sont subietz a la rage, et viennent voluntiers foibles et menuz, si est-ce qu'il ne faut pas laisser a faire couurir la Lyce a quelque beau Chien courant, et de bonne race, car si elle estoit mastinee, les autres laictees en tiendroyent: autrement si la laissez refroidir sans la faire couurir, elle deuiendra ethique, et a grand' peine se pourra remettre, ni engresser. L'autre secret est: Que si voulez auoir des Chiens legiers et ardans, il faut faire couurir la Lyce a vn ieune Chien, par ce que si c'estoit d'vn vieil Chien, ilz deuiendroyent plus pesans, et moins rebaudiz. Et deuez entendre qu'il ne faut iamais faire refroidir vne Lyce en l'eau, car elle luy glace le ſang dedans les venes, et arteres, qui eſt cauſe qu'elle deuient gouteuſe, ou bien qu'elle ha des trenchees dedans le ventre, et autres infinies maladies qui ſ'en enſuyuent.

Quand les Lyces ſont pleines, et qu'elles commancent a aualler leur ventre, on ne les doyt pas mener a la chaſſe, pour beaucoup de raiſons, dont l'vne eſt, par ce que les effortz qu'elles font corrompent et gardent de profiter les petis Chiens qui ſont dedans leur ventre: auſsi qu'en ſautant les hayes, et paſſant par les boys, il ne faut qu'vn heurt pour les faire aduorter, dont ſ'en enſuiuroyent pluſieurs autres fortunes, qui me ſeroyent prolixes a reciter. Donques on les doyt ſeulement laiſſer aller par la court et maiſon, ſans eſtre renfermees dedans le chenin, d'autant qu'elles ſont ennuyeuſes et deſgouſtees, et leur faut faire du potage vne fois le iour pour le moins.

Plus ſi voulez faire chaſtrer ou ſener vne Lyce, ce doyt eſtre au parauant qu'elle ayt iamays porté Chiens: et en la ſenant, il ne luy faut oſter toutes les racines, car il eſt bien difficile qu'en les arrachant on ne luy face tort aux reins, et qu'on ne luy accourciſſe ſa viſteſſe: mais quand les racines demeurent, elle en eſt plus vigoureuſe et hardie, et en endure mieux la peine. Auſsi on ſe doyt bien donner garde de la faire ſener quand elle eſt en chaleur, car alors elle ſeroit en grand danger d'en mourir: mais quinze iours apres qu'elle ſera hors de chaleur, et lors que les petis Chiens ſe commanceront a former dans ſon corps, elle eſt bonne a ſener.

Des saisons esquelles les petis Chiens doyuent naistre, & comme on les doyt gouuerner.

CHAP. 8.

IL y ha certaines saisons esquelles les petis Chiens sont mal aysez a sauuer et eschapper, principalement quand ilz naissent sur la fin d'Octobre, a cause de l'hyuer, et froidures qui commancent a regner, et que les laictages, et autres choses pour les nourrir, sont deffailliz: et par ce il est bien difficile quand ilz naissent en telle saison de les pouuoir eschapper, d'autant que l'hyuer les ha surprins auant qu'ilz ayent force de resister au froid, et encores qu'ilz eschappent, ilz demeureront petis et foibles. L'autre saison fascheuse pour les eschapper et auier, est en Juillet, et Aoust, a cause des vehementes chaleurs, et des Mousches, Puces, et autres vermetz qui les tormentent. Et par ce, la droicte saison en laquelle ilz doyuent naistre, est en Mars, Auril, et May, que le temps est temperé, et que les chaleurs ne sont trop vehementes: aussi que c'est la droicte naissance que nature ha donnee a tous animaux, comme a Vaches, Chieures, Brebis, et leurs semblables: par ce qu'on trouue en ce temps leur nourriture. Et veu que les Chiens naissent en toutes saisons, et que plusieurs se delectent a en tirer de la race, et les nourrir en quelque saison qu'ilz viennent, i'ay bien voulu selon ma fantasie donner l'intelligence et moyen de les pouuoir eschapper. Premierement s'ilz naissent en hyuer, il faut prendre vn muy ou vne pippe bien seche, et la deffoncer par vn bout, puis mettre de la paille dedans, et coucher le muy ou pippe en quelque lieu ou lon face ordinairement bon feu, puis mettre le bout deffoncé deuers la cheminee, a fin qu'ilz ayent la chaleur du feu. Et faut bien nourrir la mere de bons potages faitz de chair de Beuf ou Mouton. Or quand les petis Chiens commanceront vn peu a manger, il leur faudra accoustumer le potage, sans le saller, a cause que le sel les desechc et fait venir galleux, a quoy ilz sont subiectz quand ilz naissent l'hyuer. Il faut mettre en leur potage force sauge, et autres herbes chaudes. Et si d'auenture on veoyoit que le poil leur tombast, il les faudroit frotter d'huyle de noix, et de miel, meslez ensemble: en les tenant dedans leur pippe ou muy le plus nettement qu'on pourra, en changeant leur paille tous les iours. Et quand on verra qu'ilz commanceront a aller, faut auoir vn ret, fait de gros filet, lassé a maille de presse, et enfoncer auec vn cercle le bout de la pippe ou muy, ainsi qu'on fonce vn tabourin de Suysse, a fin de les garder de sortir, par ce que les autres Chiens les morderoyent, ou seroyent marchez ou rompus des hommes: et faut faire la pippe ou muy en sorte qu'on l'ouure quand on voudra. Quant aux autres Chiens qui naissent l'esté, ilz doyuent estre mis en quelque lieu frais, ou les autres Chiens n'aillent point, et doyt on mettre dessoubz eux quelques clies ou ais, auec de la paille par dessus, qu'il faut changer souuent, de peur que la fraischeur ou humidité de la terre leur face nuysance. Ilz doyuent estre en lieu obscur, pour euiter que les Mousches ne les tormentent: et fault aussi qu'ilz soyent frottez deux fois la sepmaine, pour le moins, d'huyle de noix, meslee et batue auec du saffran en poudre, car cest oingt faict mourir toute espece de vertz, et reconforte le cuyr et les nerfz des Chiens, et garde que les Mousches et Punaises ne les tormentent. Aucunesfois il en faut frotter la Lyce, et mesler parmy du ius de Berne, ou Cresson sauuage, de peur qu'elle porte des Puces a ses petis, sans oublier a la faire nourrir de bons potages, comme dit est. Quand les petis Chiens auront quinze iours, il les faut esuerer, et huyt iours apres leur coupper vn neud de la queue, en la forme et maniere que ie declaireray cy apres au Traité des Receptes. Puis quand ilz commanceront a veoir, et a manger, il leur faut donner de bon laict pur, tout chaut, soit de Vache, de Chieure, ou de Brebis. Et notez qu'il ne les faut mettre au village qu'ilz n'ayent deux moys, pour beaucoup de raisons, dont l'vne est, qu'ilz ont tousiours la tetine de la mere, et que d'autant qu'ilz la tetent longuement, ilz tienent plus de sa complexion et nature : ce qu'on peut veoir par experience, car quand vne Lyce ha de petis Chiens, faictes en nourrir la moytié a vne mastine, vous trouuerrez qu'ilz ne seront iamais si bons que ceux que la mere aura nourris. L'autre raison est, que si vous les separez d'ensemble plus tost que deux moys, ilz seront froidureux, et leur sera estrange de la mere qui les eschauffoit.

Les signes qu'on doyt regarder si les petis Chiens seront bons, ou non.

CHAP. 9.

LES ANCIENS ont voulu dire qu'on cognoist les meilleurs Chiẽs aux tetines des meres, et que ceux qui tetent le plus pres du cueur sont les meilleurs, et plus vigoureux, a cause du sang qui en cest endroit est plus vif et delicat. Les autres ont dit le cognoistre dessoubz la gorge, a vn sing qu'ilz ont, ou il y ha des poilz qui sont comme de Porceaux, et que s'il y ha non-per, c'est signe de bonté, et que s'il y ha per, c'est mauuais signe. D'autres ont voulu regarder aux iambes de derriere, aux erigotures, que s'il n'en y ha point, c'est bon signe, et s'il y en ha vne, que c'est aussi bon signe : mais s'il y en auoit deux seroit mauuais signe. Il en y ha aussi qui ont voulu regarder dedãs la gueule, pensans que ceux qui ont le palays noir fussent bons, mais ceux qui l'auroyent rouge ne valussent gueres, et s'ilz ont les nazeaux ouuertz, c'est signe qu'ilz seront de haut nez. Si l'on considere la reste du corps, il n'y ha pas grand iugement qu'ilz n'ayent trois ou quatre mois. Toutesfois ie prens ceux qui ont les oreilles longues, larges, et espesses, et le poil de dessoubz le ventre gros et rude, pour les meilleurs : lesquelz signes i'ay esprouué et trouué veritables. Or par ce que i'ay parlé cy dessus de ceste matiere, ie n'en diray autre chose.

Que lon doyt nourrir les petis Chiens aux villages, & non aux Boucheries.

CHAP. 10.

QVAND les petis Chiens auront esté nourris deux mois soubz la mere, et qu'on verra qu'ilz mangeront bien, il les faut enuoyer aux villages, en quelque beau lieu qui soyt pres des eaux, et loing de garennes, par ce que s'ilz auoyent souffrette d'eaux, quand ilz viendront en leur force, ilz pourroyent estre subietz a la rage, a cause de leur sang qui seroit sec et ardant, ou l'eau les nourrist et humectifie. Aussi s'ilz estoyent pres de garennes, ilz se pourroyent rompre et effiler apres les Connilz. On les doyt nourrir aux champs de laictiges, de pain, et de toutes sortes de potages. Et faut entendre que la nourriture des villages leur est beaucoup meilleure que celle des boucheries, d'autant qu'ilz ne sont point enfermez, et qu'ilz sortent quand ilz veulent pour aller paistre, et apprendre le train de la chasse: aussi qu'ilz accoustument le froid, la pluye, et tout mauuais temps, n'estans subiectz a courir au bestiail priué, car ilz sont nourriz parmy eux ordinairement. Au contraire s'ilz sont nourriz aux boucheries, le sang et la chair qu'ilz mangent leur eschauffe le corps, tellement que quand ilz seroyent grans, et qu'on les feroyt courir deux ou troys fois par temps de pluye, s'ilz se morfondent, ilz ne faudront iamais a deuenir galleux, et seront subietz a la rage, et a courir au bestiail priué, a cause qu'ilz en mangent le sang ordinairement aux boucheries, et n'apprenent a quester n'a chasser en sorte quelconque. Brief, ie ne vy iamais Chien faire bonne fin, estant nourry aux boucheries, et principalement pour chasser le Lieure.

En quel temps on doyt retirer les Chiens des nourrisses, & quel pain & carnages ilz doyuent manger.

CHAP. II.

LON doyt retirer les Chiens des nourrisses a dix moys, et les faire nourrir au chenin tous ensemble, a fin qu'ilz se cognoissent, et entendent, et y ha bien difference de veoir vne meute de Chiens nourris ensemblément, et d'vn aage, et de Chiens amassez: par ce que ceux qui sont nourris ensemble s'entendent et ameutent mieux que ne font pas les Chiens amassez. Apres qu'aurez retirez les

Chiens au chenin, il leur faut pendre des billotz de boys au col, pour leur apprendre a aller en couple. Le pain qu'on leur doyt donner, doyt estre tiers froment, tiers orge ou baillarge, et tiers seigle : d'autant qu'ainsi mixtionné, il les entretient frais et gras, et les garentist de plusieurs maladies. Que s'il n'y auoit que de la seigle, elle les feroit trop vuyder, s'il n'y auoit que du froment, il leur retiendroit trop le ventre, qui leur causeroit des maladies : et par ainsi faut mesler et mixtionner l'vn auec l'autre. On leur doyt donner des carnages au temps d'hyuer, principalement a ceux qui sont meigres et courent le Cerf: mais a ceux qui courent le Lieure, on ne leur en doyt point donner pour beaucoup de raisons, pour ce que si on leur en donne, ilz s'acharneront aux grosses bestes, et ne feront cas des Lieures, qui se mettent communément parmy le bestial priué, pour se deffaire des Chiens, et lors pourroyent laisser aller le Lieure pour courir apres le bestial priué : mais Chiens qui courent le Cerf ne le feroyent, a cause que le Cerf est de plus grand vent et sentiment que le Lieure, aussi que sa chair leur est plus friande et delicate que nulle autre. Les meilleurs carnages qu'on leur pourroit donner, et qui les remettroyẽt le plus, sont de Cheuaux, Asnes, et Muletz : quant aux Beufz, Vaches, et leurs semblables, la chair leur est de plus aigre substance. Vous ne deuez iamais donner carnage aux Chiens qu'il ne soit escorché, a fin qu'ilz n'ayent pas la cognoissance de la beste, ne de son poil. Ie loue grandement les potages faictz de chair de Brebis, de Chieures, et de teste de Beuf, pour les Chiens meigres qui courent le Lieure : et faut mesler aucunesfois parmy ces potages quelque peu de souffre pour les eschauffer. I'en declaireray plus amplement au Traicté des Receptes.

Comme doyt estre situé & accommodé le chenin des Chiens.

CHAP. 12.

LE CHENIN doyt estre situé en quelque lieu bien orienté, ou il y ayt vne grand' court bien aplanie, ayant quatre vingtz pas en quarré, selon la commodité et puissance du Seigneur : mais d'autant qu'elle est spacieuse et grande, elle en est meilleure pour les Chiens, par ce qu'ilz veulent auoir du plaisir pour s'esbatre et vuyder. Par le milieu du chenin y doit auoir vn ruisseau d'eau viue, ou vne fontaine, pres laquelle faut mettre vn beau grand tymbre de pierre, pour receuoir le cours de la source, qui aura vn pied et demy de haut, a fin que les Chiens y boyuent plus a leur ayse : et faut qu'iceluy tymbre soit percé par vn bout, a fin de

faire

faire euacuer l'eau, et qu'on le nettoye quand on voudra. Sur le haut de la court doyt eſtre baſty le logis des Chiens, auquel faut qu'il y ayt deux chambres, dont l'vne ſera plus ſpacieuſe que l'autre, en laquelle doyt auoir vne cheminee grande et large, pour y faire du feu quand meſtier ſera. Les portes et feneſtres d'icelle chambre doyuent eſtre ſituees entre le Soleil leuant, et le Midy. La chambre doyt eſtre enleuee de trois piedz plus haut que le plan de la terre, et y faire deux cois, a fin que l'vrine et immondicité des Chiens ſe puiſſent vuyder. Les murailles doyuẽt eſtre bien blãchies, et les plãchers bien collez, de peur que les araignees, puces, punaiſes, et leurs ſemblables ſ'y engendrẽt et nourriſſent. Les feneſtres doyuẽt eſtre bien vitrees, de peur que les mouſches y entrent. Il leur faut touſiours laiſſer quelque petite porte ou huiſſet, a fin qu'ilz ſ'aillent vuyder et eſbatre quand ilz voudront. Puis faut auoir en la chambre de petis chaſlitz, qui ſoyent enleuez de terre d'vn bon pied, et que ſoubz chaſcun des piedz du chaſlit y ayt vn petit rouleau ou boule, pour les mener la part ou lon voudra, a fin de pouuoir nettoyer deſſoubz: et auſſi quand ilz viendront de la chaſſe, et qu'il eſt queſtion de les faire chauffer et ſecher, on les puiſſe rouler et approcher du feu. Et ſi faut qu'iceux chaſlitz ſoyent foncez de clies, ou bien d'ais percez, a fin que ſ'ilz piſſoyent, l'vrine ſ'eſcoulaſt a terre. Il faut vne autre chambre pour retirer le valet de Chiens, a fin de reſerrer ſes trompes, couples, et autres choſes requiſes a ſon art.

Ie n'ay voulu parler des chambres ſumptueuſes que les Princes font faire pour les Chiẽs, eſquelles y ha des poiles et eſtuues et autres magnificẽces: par ce que cela m'ha ſemblé leur eſtre plus nuiſible que profitable: car ſ'ilz ont accouſtumé telles chaleurs, eſtans traitez ſi delicatement, et qu'on les mene en quelque lieu ou ilz soyent mal logez, ou bien s'ilz courent par temps de pluye, ilz seront subietz a se morfondre, et a deuenir galleux. Parquoy i'ay bien voulu dire, qu'alors qu'ilz vienent de la chasse, et qu'ilz sont mouillez, il suffist seulement qu'ilz soyent bien chauffez, et couchez sechement, sans leur accoustumer tant de magnificence. Et par ce qu'aucunesfois on n'ha pas la commodité d'auoir fontaines ou ruisseaux, il est requis faire de petis baillotz de boys, ou bien quelque tymbre pour mettre leur eau. Il se faut bien donner garde de leur donner a boire en aucun vaisseau d'arain ou de cuyure : par ce que ces deux especes de metaux sont veneneuses de leur nature, et font tourner et empunaisir soudainement l'eau, qui leur seroit grandement contraire. Il est aussi necessaire d'auoir de petis baquetz de boys pour mettre leur pain, qui doyt estre rompu et decoupé par petis loppins dedans, par ce que les Chiens sont aucunesfois desgoustez et malades : aussi qu'il y ha certaines heures qu'ilz ne veulent manger, qui est la cause que les baquetz ne doyuent estre sans pain, comme nous auons mis au pourtrait cy dessus.

Du valet de Chiens, & comme il doyt panser, gouuerner, & dresser les Chiens.

CHAP. 13.

VN BON valet de Chiens doyt estre gracieux, fort courtois, et doux, aymant les Chiens de nature: et faut qu'il ayt bon pied, et bon vent, tant pour entonner sa trompe que sa bouteille.

La premiere chose qu'il doyt faire, apres estre leué, c'est d'aller veoir ses Chiens, et les nettoyer et accoustrer, comme l'estat le requiert. Apres les auoir nettoyez, il doyt prendre sa trompe et sonner quatre ou cinq motz le gresle, a fin de les resiouyr, et appeller a luy : et quand il les verra tous autour de luy, faut qu'il les couple, et en les couplant qu'il se prene bien garde de ne coupler les Chiens masles ensemble, de peur qu'ilz ne se batent. Et s'il y ha de ieunes Chiens, il les faut coupler auec de vieilles Lyces, pour les apprendre a suyuir. Quand ilz seront tous bien couplez, il faut que le valet de Chiens emplisse deux grandes gibbecieres ou pochettes, toutes pleines d'osseletz, et autres friandises, comme Sardines, ralle de pied de cheual fricassez, rosties a la gresse, et autres semblables. Puis il doyt mettre tout par petis loppins dedans les gibbecieres, et en pendre vne a son col, et bailler l'autre a vn de ses compaignons. Cela faict, doyt prendre deux bouchons de paille nette, et les mettre a sa ceincture, auec vne espoussette, pour bouchonner et espoussetter ses Chiens quand ilz seront aux champs. Les autres valetz de Chiens ou aides qui seront auec luy, en doyuent faire autant. Apres il faut qu'ilz prenent chascun vne belle houssine en la main, et que l'vn d'eux se mette deuant, qui appellera les Chiens apres luy, l'autre se mette derriere, qui les touchera : et s'il en y ha deux autres, ilz se mettrōt aux deux costez, et ainsi s'en doyuent aller tous quatre pourmener les Chiens par les bledz verdz, et par les prairies, tant pour les faire paistre, que pour leur apprendre a croire, les faisant passer a trauers les trouppeaux de brebis, et autre bestail priué, a fin de les y accoustumer, et faire cognoistre : que s'il y auoit quelque Chien mal complexionné, qui leur voulust courre sus, il le faudroit coupler auec vn Mouton ou Belier, et auec la houssine le fesser et battre longuement, en criant et menaçant, a fin qu'vne autre-fois il entende la voix de ceux qui le menaceront.

Aussi faut passer les Chiens par les garennes, et s'ilz branlent aux Connilz, les menacer et chastier, par ce que les ieunes Chiens, de leur nature, les ayment voluntiers. Apres les auoir ainsi pourmenez, et que le Soleil commancera a haulser, ilz s'en doyuent aller en quelque beau pré, et appeller tous leurs Chiens autour d'eux, et prendre leurs bouchons et espoussettes pour les bouchonner et espousseter le plus doucement qu'ilz pourront, car aucunesfois les Chiens qui courent par les fortz se piquent, et prenent des espines, ou bien ont quelques dartres ou galles : la ou les valetz de Chiens ayans la main rude, en les bouchonnant, les pourroyent escorcher, et faire plus tost mal que bien : et aussi que le Chien courant ne veut pas perdre son poil et bourre, d'autant qu'il est incessamment par les boys, la ou l'esgail, l'eau, et autres froidures tombent sur luy, a ceste cause doyt suffire de bouchonner les Chiens courãs troys fois la sepmaine : mais quand aux Leuriers, ie ne dy pas qu'il ne les faille bouchonner tous les iours. Apres toutes ces choses faictes, il faut que les valetz de Chiens leur apprenent a entendre les forbuz, tant de la trompe que de la bouche, en ceste maniere.

Premierement, il faut que l'vn deux prene vne des gibbecieres pleine de friãdises, et qu'il s'en aille a vn iect d'arbaleste, ou plus loing, sçelon que les Chiens seront ieunes et dressez, car s'ilz estoyent ieunes, n'ayans iamais esté dressez, il faudroit faire le forbu plus pres, et ne les descoupler point, a fin que les vieux les emmenassent et traynassent au forbu. Mais s'ilz sont commancez a estre dressez, on doyt aller plus loing, et les descoupler, et alors que le valet des Chiens sera a deux bons iectz d'arbaleste loing de ses Chiens, lesquelz faut que ses compaignons tienent hardez, il doyt commancer a forbuer, et a sonner de la trompe, criant, Tya Hillaut, pour le Cerf, et Valecy aller pour le Lieure. Et ne doyt cesser de sonner et forbuer que ses Chiens ne soyent arrivez a luy. Quand ses cõpaignons l'entendrõt forbuer, il faut qu'ilz descouplent leurs Chiens, en criãt: Escoutte a luy, tirez, tirez. Puis quand ilz seront arrivez au forbu, le valet de Chiens doyt prẽdre sa gibbeciere, et leur ietter toutes les friãdises par-my eux, en leur criãt et les resiouyssãt, cõme l'art le requiert.

Alors qu'il verra qu'ilz auront presques acheué de manger, il doyt faire signe a ses compaignons qu'ilz forhuent, lesquelz n'auront bougé du lieu ou ilz ont descouplé leurs Chiens, qui auront l'autre gibbeciere pleine de friandises, lesquelz commanceront de leur costé a forhüer, et sonner de la trompe, pour faire venir les Chiens a eux. Celuy qui aura faict le premier forhu, les doyt menacer, et frapper auec vne houssine, en criant, Escoute a luy, ou Tirez a luy. Et quand les Chiens seront arriuez a eux, ilz leurs doyuent donner les friandises, comme ha faict l'autre. Puis apres les coupler bien doucement, par ce que si on rudoyoit vne fois vn ieune Chien au couple, vne autresfois on ne le cuyderoit pas reprendre. Quand ilz seront couplez, il les faut emmener au chenin, et leur donner a manger, et si faut laisser du pain couppé dedans leur baquet, pour ceux qui seront desgoutez. On doyt changer leur paille deux ou troys fois la sepmaine, pour le moins: et entortiller des bouchons en de petis bastons, et les ficher en terre, pour les faire pisser. C'est vne chose certaine que si vous frottez vn bouchon ou autre chose de Galbanum, tous les Chiens ne faudront iamais a venir pisser de contre. Et si d'auanture il n'y auoit dedans le chenin ruysseau, ou fontaine, il faut mettre leur eau dedans de la pierre, ou dedans du boys, comme i'ay dit cy deuāt, laquelle faut changer et refraichir tous les iours deux fois. Aussi par les grandes chaleurs, les Chiens se chargent souuentesfois de poulz, puces, et d'autres vermines et salletez: et pour y remedier, il les faut lauer vne fois la sepmaine en vn bain faict auec des herbes, comme s'ensuyt.

Premierement faut auoir vne grande poisle tenant dix seaux d'eau, puys prendre dix bonnes ioinctees d'vne herbe nommee Berne ou Cresson sauuage, et autant de fueilles de Lapace, et de Mariolaine sauuage, de Sauge, Romarin, et Ruë, et faire fort bouillir le tout ensemble, iettant parmy deux mesures de sel : puys quand tout aura bouilly ensemble, et que les herbes seront bien consommees, il les faut oster de dessus le feu, et les laisser refroidir iusques a ce que l'eau soit tiede, puis lauer les Chiens et bouchonner auec le bouchon, ou bien les baigner les vns apres les autres. Et doyuent estre faictes toutes ces choses, au temps des grandes chaleurs, troys fois le moys pour le moins. Et aussi aucunes-fois quand on ramene les Chiens des villages, ilz craignent les eaux, et n'ont pas la hardiesse de se metre dedans, a ceste cause le valet de Chiens doyt regarder et eslire les iours qu'il fera chaut, esquelz enuiron l'heure de Midy, doyt coupler tous ses Chiens, et les mener sur le bort de quelque riuiere, ou estang, et se despouiller tout nu, en les prenant l'vn apres l'autre, puys les porter bien auant pour leur apprendre a nager, et accoustumer l'eau. Ayant faict cela deux ou troys fois, il cognoistra que ses Chiens ne craindront plus les eaux, et qu'ilz ne feront plus de difficulté de passer, et nager les riuieres et estangs Voyla comme les bons valetz de Chiens les doyuent traiter et gouuerner, car en faisant toutes ces choses susdites, il est impossible que leurs Chiens ne soyent bien pansez et dressez.

Aussi bien souuent les Chiens courent par temps de pluyes, de verglaz, et autre mauuais temps, ou bien font des effortz a courre, et a nager les riuieres : quand telles choses arriuent, le valet de Chiens leur doyt faire vn beau grād feu, pour les chauffer et secher, et quand ilz seront secz, il leur doyt frotter et bouchonner le ventre, pour faire tomber la terre et fange qu'ilz pourroyent auoir : car s'ilz couschoyent mouillez, ilz seroyent en danger de leur morfondre, et deuenir galleux. Souuentesfois en courant par les campaignes et rochiers, ilz s'aggrauent et escorchent les piedz, et pour les panser et guerir, il faut premierement leur lauer les piedz auec de l'eau et du sel, apres faut auoir des œufz, et en prendre seulement les moyeux, et les battre fort auec du vin-aigre, et auec du ius d'vne herbe qui *croist sur les rochiers, qu'on nomme Pilozelle : puis faut prendre de la geme, ou poix, et la mettre en poudre, et la mesler auec deux fois autant de suye, en apres mettre vostredite poudre parmy les œufz et le ius des herbes susdites, faisant le tout chauffer ensemble, en le mouuant souuent : et se faut bien donner garde qu'il ne chauffe trop, par ce que l'humidité se consummeroit, et les œufz se cuyroient, qui gasteroit le tout : mais suffira seulemet de le chauffer iusques a ce qu'il soit vn peu plus que tiede, et de ce leur en frotterez au soir les piedz, et les enuelopperez auec du linge. Ie n'en mettray autre chose pour ceste heure, esperant en parler plus amplement sur la fin, au Traitté des Receptes.*

Comme lon doyt dresser les ieunes Chiens pour courre le Cerf, & des curees qu'on leur doyt faire.

CHAP. 14.

APRES que les valetz auront apprins a leurs Chiens a croire, a entendre le forhu, et le son de la trompe: les piqueurs voyans leurs Chiens en assez bonne force de reins, et aagez de seze ou dixhuyt moys, ilz doyuent commancer a les dresser, et ne les mener qu'vne fois la sepmaine, pour le plus, aux champs, de peur de les faire effiler, par ce que Chiens courans ne sont du tout renforcez n'asseurez sur leurs membres, qu'ilz n'ayent deux ans pour le moins. Et faut auant toute chose, quiconque voudra prendre le Cerf a force, entendre troys secretz. Le premier est, qu'on ne doyt iamais faire courir vne Biche aux Chiēs, ne leur en donner curee, par ce qu'il y ha difference du sentimēt de la Biche a celuy du Cerf: cōme pouuez veoir par experience, que les Chiens courans desmellent souuentesfois l'vn d'auec l'autre: et sont de telle nature que la premiere beste qu'on leur faict courir, et qu'ilz y prenent plaisir, si on leur en faict curee, il leur en souuient tousiours: et par la pouuez cognoistre que si vous leur faictes curee des Biches, ilz les desireront plus tost que les Cerfz. Le second secret est, qu'on ne doyt point dresser les ieunes Chiens dedans les toiles, par ce qu'vn Cerf ne faict que tournoyer, ne se pouuant esloigner d'eux, qui le voyent a toutes heures: et si on les fait courir apres hors de la toile, et qu'vn Cerf dressast, se forloignant vn peu d'eux, ils l'abbandōneroyent incontinent: et qui plus est, ilz se gastent encores a la toile en autre maniere, car si vn Cerf y tournoye deux ou troys tours, ilz prenent aussi tost le contrepied que le droit, se rompans et mettans hors d'haleine, sans apprendre a quester ni a chasser, ne faisans que leuer la teste pour veoir le Cerf. Le tiers secret est, de ne dresser les Chiens ne faire courir au matin, s'il est possible, par ce que si on leur accoustume l'esgail, et qu'ilz vienent a courir sur le haut du iour, ayant senty la chaleur du Soleil, ilz ne voudront plus chasser. Mais autrement vous les pourrez dresser, et donner curee en ceste maniere.

Premierement vous deuez regarder quand les Cerfz seront en leur grande venaison, par ce qu'ilz ne ruzent, et ne s'esloignent pas tant qu'ilz feroyent en Auril et May, qu'ilz n'en sont point chargez, et ne courent pas si longuement. Alors pourrez choisir une forest, la ou les relays serõt bien iustes, et a propos, puis mettre tous voz ieunes Chiens ensemble auec quatre ou cinq des vieux, pour les dresser. En apres les faut mener au plus loingtain et dernier relays, et faire chasser le Cerf iusques la ou ilz seront, a quelque bonne meute de Chiens, qui le gardent bien de reposer par les chemins, a fin qu'alors qu'il sera arriué a eux, qu'il soit las et mal mené. A l'heure faudra descoupler les vieux Chiens les premiers, et quand ilz auront dressé les routes ou voyes du Cerf, estans bien ameutez, faut descoupler tous les ieunes Chiens, et les ameuter a eux, la ou faut qu'il y ayt trois bons piqueurs pour le moins, a fin que s'il y auoit quelque Chien qui voulust demeurer derriere, s'opiniastrer et amuser, de le bien batre, et faire aller aux autres. Et deuez entendre qu'en quelque lieu ou lon tue le Cerf, on luy doit despouiller le col, et leur en faire la curee sur le champ, tout chaudement, parce qu'elle leur est beaucoup meilleure, plus friande et profitable, chaude que froide.

Vous leur pouuez donner curee en autre maniere.

Prenez vn Cerf aux retz ou pieces, et luy fandez vn des piedz de deuant depuis l'entre-deux des ongles iusques a la ioincture des os ou bien luy couppez vn des ongles tout entier, puis le demeslerez de la piece ou retz, et le laisserez aller: vn quart d'heure apres ferez amener tous voz ieunes Chiens, lesquelz ferez harder, puis ferez mettre les Limiers sur les routes du Cerf, lesquelles ferez suyure auec les ieunes Chiens. Apres l'auoir suiuy la longueur d'vn iect d'arbaleste, vous pourrez forhuer, et sonner pour Chiens. Cela faict, pourrez descoupler les ieunes

Chiens des vieux, a fin que les vieux les cõduysent: et faut qu'il y ayt de bons piqueurs a la queuë pour les faire chasser et requester. Vous leur pourrez encores donner curee en autre maniere. Faut auoir quatre ou six valetz, lesquelz soyent gracieux, et allans bien a pied, car autrement ilz leurs feroyent plus de tort que de profit: et leur pourrez donner a mener a chascun quatre ieunes Chiens en vne lesse. Et apres que le Cerf sera donné aux Chiens, s'en doyuent aller tousiours le petit pas, sans les tormenter, au deuant de la meute. Puis quand ilz verront que le Cerf aura couru deux bonnes heures, et qu'il sera mal mené, ilz pourront lascher leurs ieunes Chiens, mais se doyuent bien garder de les descoupler quand ilz verront le Cerf aux abboiz, et principalement quand il ha la teste dure: car en ceste fureur il les pourroit tuer. Ma fantasie est telle, qu'on doyt premierement dresser les Chiens pour le Lieure, car c'est leur droit commancement, par ce qu'ilz aprenent toutes ruzes et hourvariz, pareillement a croire, a venir a tous forhuz, et si s'affinent le nez en accoustumant les chemins et campaignes. En apres quand on les veut dresser pour le Cerf, ilz abandonnent aisement le Lieure, par autant que la chair du Cerf est plus friande, et aussi qu'il ha plus grand vent et sentiment que n'ha pas le Lieure. Il faut icy entendre que tous Chiens veulent cognoistre les piqueurs qui les suyuent, et pour ce il est requis quand les valetz de Chiens leur donneront a manger, et qu'on leur fera la curee, que les piqueurs s'y trouuent, pour leur faire chere, et parler a eux, a fin qu'ilz les cognoissent et entendent.

La chaſse du Cerf.

Ie ſuys le Cerf, a cauſe de ma teſte
Par les Grecz fuz Ceratum ſurnommé,
Car en beauté i'excede toute beſte,
Dont a bon droict ilz m'ont ainſi nommé.
Pour le plaiſir des Roys ie ſuis donné,
De iour en iour les Veneurs me pourchaſſent
Par les Foreſtz : Ie ſuis abandonné
A tous les Chiens qui ſans ceſſe me chaſſent.

Si du docte Phebus auez commancement
De Venerie, icy traduicte groſſement :
Ie me ſuys uoulu mettre en toute diligence
Vous en pouuoir donner parfaicte intelligence.

De la vertu & proprieté du Cerf.

CHAP. 15.

L'ON trouue vn os dedans le cueur du Cerf, lequel est grandement profitable contre le tremblement de cueur, principalement aux femmes grosses.

Autre vertu.

Prenez le vit d'vn Cerf, puis le faictes tremper en du vin aigre l'espace de vingt et quatre heures, et le faictes secher, apres le mettrez en poudre : et en ferez boire le poix d'vn escu, auec de l'eau de Plantain, a quelque homme ou femme ayant le flux de sang, et incontinent seront guaris.

Autre vertu.

Prenez la teste d'vn Cerf, a l'heure qu'elle est demie reuenue, et en sang, et la decouppez par petis loppins, et les mettez dedans vne grande fiole ou matraz de verre. Apres prendrez le iust d'vne herbe nommee Croisette, et le iust d'vne autre herbe, nommee poyure d'Espagne, autrement appellee Cassis. Puis vous mettrez le iust de toutes ces herbes là ou sera la teste du Cerf decouppee en petis loppins, et lutrez et fermerez bien vostre fiole ou matraz par dessus, laissant reposer toutes voz drogues ensemble l'espace de deux iours. Cela fait les ferez toutes distiler en vn alãbic de verre. L'eau qui en sortira sera merueilleusement bonne cõtre tous venins, tant de morsures de serpens, que contre les poisons.

Autre vertu.

La corne du Cerf brustee et mise en poudre, fait mourir les vers dedans le corps, et dehors, et chasse les serpens de leurs fosses et cauernes. La presure ou caillon d'vn ieune Cerf tué dedans le ventre de la Biche, remedie a la morsure des serpens.

Autre vertu.

La moelle et le suif du Cerf, sont fort bons contre les gouttes venues de froides causes, en le faisant fondre, et de ce frotter les lieux ou sont les douleurs.

Plus le Cerf nous ha fait cognoistre l'herbe du Dictame, lequel se sentant blessé de quelque fer ou sagette, il s'en va manger de ladite herbe, qui luy fait sortir le fer du corps, et tout incontinent reçoit guarison.

Du naturel & subtilité des Cerfz.

CHAP. 16.

ISIDORE dit, le Cerf estre le vray contraire du serpent, et quand il est vieux, decrepit et malade, il s'en va aux fosses et cauernes des serpens, puis auec les narines souffle et pousse son haleine dedans, en sorte que par la vertu et force d'icelle il contraint le serpent de sortir dehors: lequel estant sorty, il le tuë auec le pied, puis le mange et deuore, apres s'en va boire, alors le venin s'espand par tous les conduitz de son corps: quand il sent le venin, il se met a courir pour s'eschauffer: bien tost apres il commance a se vuyder et purger, tellement qu'il ne luy demeure rien dedans le corps, qui ne sorte par tous les conduitz que nature luy ha donnez: et par ce moyen se renouuelle et guarist, faisant mutation de poil.

Quand les Cerfz passent la Mer ou les grandes riuieres, pour aller en quelques isles ou forestz au rut, ilz se mettent en grand nombre, et cognoissent entr'eux le plus fort, et meilleur nageur, lequel il font aller deuant, puis celuy qui va apres appuye sa teste sur le doz du premier, et le tiers sur le doz du second, et consequemment font tous ainsi, iusques au dernier, a fin de se soulager l'vn l'autre: et quand le premier est las, vn autre se met en sa place.

Pline dit qu'ilz peuuent nager trente lieues de Mer, et qu'il l'ha veu par experience en l'isle de Cypre, de laquelle ilz vont communément en vne autre isle nommee Cilice, entre lesquelles y ha de distance trente lieues de Mer, et qu'ilz ont le vent et sentiment du rut et des forestz, d'vne isle a l'autre.

Et a la verite i'en ay veu en des forestz sur la coste de la Mer, estans chassez et forcez des Chiens, qui se iettoyent dedans la Mer, ou les pescheurs les tuoyent a dix lieues de la terre.

Le Cerf s'esmerueille et espouante quand il oyt sifler en paume et bucher : et par experience le pourrez cognoistre : Si vous voyez vn Cerf courir de iour deuant vous, et qu'il soyt en pays descouuert, buchez apres luy, disant, Guare a bas. soudain le verrez reuenir droit a vous, par la doute de la voix qu'il aura ouye. Il ayme a ouyr les instrumentz, et s'asseure quand il oyt sonner quelque fluste ou autre doux chant. Le Cerf oyt fort cler quand il ha la teste et les oreilles leuees, mais quand il les ha baissees, il n'oyt point. Quand il est debout, et qu'il n'ha point d'effroy, il s'esmerueille de tout ce qu'il voit, et prend plaisir a regarder, comme vn chartier et sa charette, ou vne beste chargee de quelque chose.

Pline dit qu'on cognoist la vieillesse des Cerfz aux dentz, aux piedz, et a la teste, comme ie le declareray cy apres au iugement du Cerf. Plus dit que les cors et cheuilleures du Cerf multiplient tous les ans depuis sa premiere teste iusques a ce qu'il ayt sept ans, apres ilz ne multiplient plus, sinon en grosseur, et ce selon l'ennuy qu'ilz auront, ou la nourriture. Ilz portent aucunesfois plus, aucunesfois moins : qui est la raison pourquoy on les iuge Cerfz de dix cors, et autresfois les ont portez.

Plus dit Pline, que la premiere teste que porte vn ieune Cerf, qu'elle est donnee a Nature, et que les quatre elementz prenent chascun leur portion.

Isidore est d'vne autre opinion, disant que le Cerf la fiche et cache en la terre, de telle sorte qu'on ne la peut trouuer : et a la verité ie n'en sceu iamais veoir ne trouuer qui fussent cheutes et muces d'elles-mesmes : toutesfois i'ay veu vn homme qui disoit en auoir veu, ie m'en rapporte a ce qui en est.

Le Cerf ha vne malice, que s'il releue en vne ieune taille, il va chercher et prendre le vent, pour sentir s'il y ha personne dedans qui luy nuyse : et si quelque homme prend vne petite branche ou rameau, et qu'il pisse ou crache dessus, puis le planter en la taille, ou il yra faire son viandy, il ne faudra iamais l'aller sentir, et ne cuydera plus releuer en cest endroit.

Pline dit, que quand le Cerf est forcé des Chiens, son dernier refuge est aupres des maisons, et a l'homme, auquel il ayme mieux se rendre que non pas aux Chiens, ayant cognoissance de ses plus contraires, ce que i'ay veu par experience : qu'il ne soit vray, quand la Biche veut faire son faon, elle s'oste plus tost de la voye des Chiens, que de la voye des hommes. Quand la Biche veut conceuoir de son petit faon, elle attend a leuer vne estoile, appellee Arcture, et porte huyt ou neuf mois ses faons : lesquelz naissent communément en May, combien qu'il en y ha qui naissent plus tard, selon la nourriture et aage de la Biche. Il y ha des Biches qui peuuent auoir deux faons d'vne ventree. Auant que la Biche ayt son faon, elle se purge auec vne herbe nommee Tragoncee, puis apres qu'elle ha faonné, elle mange la peau ou estoyt enueloppé son faon.

Pline dit d'auantage, que si on prenoit la Biche incontinent qu'elle ha faonné, on trouueroit vne pierre dedans son corps, qu'elle ha mangee pour deliurer plus aysément de ses petis faons, laquelle seroyt beaucoup requise et profitable pour femmes grosses. Apres que son faon est grand, elle luy apprend a courir, a saillir, et le pays qu'il faut qu'il tienne pour se sauuer des Chiẽs. Les Cerfz et Biches peuuent viure cent ans, sçelon le dire de Phebus. Combien qu'on troune par les anciens hystoriographes, qu'il fut prins vn Cerf, ayant vn collier au col, bien troys centz ans apres la mort de Cesar, ou ses armes estoyent engrauees, et y auoyt en escript dedans, CESARVS ME FECIT. Dont est venu le prouerbe Latin, Ceruinos annos viuere.

Du Rut & Muse des Cerfz.

CHAP. 17.

LES Cerfz commancent a aller au Rut enuiron la-my Septembre, et dure le rut pres de deux moys, et tant plus ilz sont vieux, et plus sont chaux de la Biche, et mieux aymez, qui est au contraire des femmes, car elles ayment voluntiers les ieunes. Les vieux Cerfz vont plus tost au rut que les ieunes, et sont si fiers et orgueilleux, que iusques a ce qu'ilz ayent accomply leurs amours, les ieunes n'en osent approcher, pour ce qu'ilz les battent et chassent. Mais les ieunes ont vne grande finesse et malice, qu'alors qu'ilz voyent que les vieux sont las du rut, et affoiblis de leur force, ilz leur courent sus, et les tuent ou blessent, leurs faisans abandonner le rut, et a l'heure sont maistres en leur rang.

Les Cerfz se tuent beaucoup plus tost quand il y ha faute de Biches qu'autrement, car s'il en y ha grand nombre, ilz se separent et escartent d'vn costé et d'autre. C'est vn plaisir de les veoir rere et faire leur muse, par ce que quand ilz sentent la nature de la Biche, ilz leuent le nez en l'air, regardans en haut, pour remercier Nature de leur auoir donné tel plaisir. Et s'il y ha quelque grand Cerf, il tournera la teste, et regardera s'il y en ha vn autre qui luy vueille faire ennuy : lors les ieunes n'estans de son qualibre, luy voyans faire telle mine, se reculeront de luy, et fuyront. Mais s'il en y ha quelqu'vn aussi grand que luy, ilz commanceront tous deux a rere, et a gratter des piedz en terre, se choquans l'vn contre l'autre, de telle sorte que vous ouyriez les coups de leurs testes de demye grand' lieue : celuy qui demeurera maistre chassera l'autre, la Biche regardera ce plaisir sans bouger de son lieu. Puis celuy qui sera demeuré maistre commancera a rere ou crier, en se iettant tout de course sur la Biche, pour la couurir, et ne luy donnera que trois ou quatre coups de cul, pour le plus, et bien soudainement. Les Cerfz sont fort aysez a tuer en telle saison: par ce qu'ilz suyuent les voyes et routtes par ou les Biches auront passé, mettans le nez en terre pour en assentir, sans regarder ne esuenter s'il y ha point quelqu'vn caché pour leur nuire. Et vont aussi tost le iour que la nuict, estants si enragez du rut, qu'ilz pensent qu'il n'y ayt rien qui leur puisse nuyre. Ilz viuent de peu de chose, car ilz viandent seulement de ce qu'ilz trouuent deuant eux, en suyuant les routes par ou va la Biche, et principalement de gros potirons rouges, qui leurs aydent a faire pisser le suif. Ilz sont en si vehemente chaleur que par tout la ou ilz trouuent des eaux, ilz se veautrent et couchent dedans, et aucunesfois donnent par despit des andoilliers en terre. Lon cognoist les vieux Cerfz a les ouyr rere ou crier, car tant plus ilz ont la voix grosse et tremblante, et plus doyuent ilz estre vieux : et außi par la cognoist on s'ilz ont esté chassez, car s'ilz ont esté courus, et qu'ilz ayent crainte de quelque chose, ilz mettent la gueule contre terre, et reent bas et gros, ce que les Cerfz de repos ne font pas, car ilz leuent la teste en haut, reans ou braimans hautement sans crainte.

En quelle saison les Cerfz muent, & prenent leur buisson.

CHAP. 18.

LES Cerfz muent et iettent leurs testes en Feurier et Mars, et communément les vieux Cerfz beaucoup plus tost que les ieunes : mais s'il en y ha quelqu'vn qui ayt esté bleßé au rut, ou par autre moyen, il ne la cuyde pas ietter si tost que les autres, a la raison que Nature ne luy peut ayder, car toute sa substance et nourriture ne peut suffire a le guarir, et a pousser sa teste, a cause du mal qu'il aura. Il y ha d'autres Cerfz lesquelz ont perdu leurs dintiers ou couillons au rut, ou autrement, qui ne muent iamais: car faut entendre que si vous chastrez vn Cerf auant qu'il porte sa teste, il n'en portera iamais : et au contraire, si vous le chastrez ayant sa teste ou rameure, iamais elle ne luy tombera. Ne plus ne moins fera il si vous le chastrez ayant sa teste molle et en sang, car elle demeurera tousiours ainsi, sans secher ne burnir. Cela nous donne a cognoistre que les couillons ont grande vertu, car bien souuent sont causes qu'il y ha beaucoup d'hommes qui portent belle rameure sur leur teste, laquelle ne muë et ne tombe iamais, ainsi soit il de vous amateurs de mes escriptz.

Quand les Cerfz ont muë et ietté leur teste, ilz commancent a leur retirer, et prendre leur buisson, se recelans et cachans en quelque beau lieu, pres des gaignages, et de l'eau, sur le bord des champs, a fin d'aller aux legumes, bledz, et autres viandes. Et deuez entendre que les ieunes Cerfz ne prenent iamais de buysson, qu'ilz n'ayent porté la troisiesme teste, qui est au qua-

triesme an, et alors se peuuent iuger Cerfz de dix cors bien ieunement, comme aussi les Sangliers ne laissent semblablement les compaignees qu'ilz ne vienent en leur tiers an, pour ce qu'ilz n'ont pas la hardiesse, ioint que leurs armes et deffenses ne sont encores en leur force.

Apres que les Cerfz ont mué, ilz commancent des le moys de Mars et Auril a pousser les bosses, et comme le Soleil haussera, et que le viandy croistra et durcira, ne plus ne moins leur teste et venaison croistront et augmenteront, et des la moitié de Iuin leurs testes seront semees de ce qu'elles doyuent porter toute l'annee, pourueu qu'ilz soyent en bon pays de gaignages, n'ayans point d'ennuy : et selon que la saison auancera les gaignages et viandis, leur teste s'auancera ne plus ne moins.

Pour quelle raison les Cerfz se recelent quand ilz ont mué.

CHAP. 19.

LES Cerfz se recelent pour beaucoup de raisons, dont la premiere est, pour ce qu'ilz sont maigres et foibles, a cause de l'hyuer, n'ayans la force de leur pouuoir deffendre : et aussi qu'ilz commancent a trouuer dequoy viure, a lheure prenent leur repos pour refaire leur chair. L'autre raison est, qu'ilz ont perdu leurs armes et deffenses, qui sont leurs testes, et ne s'osent monstrer, tant pour la crainte des bestes, que pour la honte qu'ilz ont d'auoir perdu leur force et beauté. Et verrez par experience que s'il y ha quelques Cerfz en vn gaignage ayans mué, si les Pies ou Grolles les agacent et decelent, ilz retourneront incontinent en leur fort pour se cacher, de la honte et crainte qu'ilz auront. Et notez qu'ilz ne laisseront leur buisson, si on ne leur fait de grans ennuytz, qu'il ne soyt a la fin du moys d'Aoust, qu'ilz commanceront a leur eschauffer, et se soucier des Biches.

Quand ilz voyent que leurs testes commancent a secher, qui est enuiron le vingt et deuxiesme de Iuillet, ilz se decelent, allans aux arbres frayer, et faire tomber leurs lambeaux : apres auoir frayé ilz se brunissent leurs testes, les vns aux charbonnieres, les autres en l'ardille, terre rouge, et autres lieux commodes a eux pour ce faire. Les vns portent les testes rouges, les autres noires, les autres blanches. Toutes ces peinctures procedent de nature, et non d'autre chose, car il seroit fort difficile que la poudre des charbonnieres, n'autre chose, leur puisse donner peincture. Les testes rouges vienent volontiers plus grosses et plus belles que les autres, car elles sont communément plus pleines de moelle, et plus legieres : les testes noires sont plus pesantes, et n'y ha pas tant de moelle : les blanches sont les pires, et plus mal nourries. I'ay sceu tout cecy par l'experience des arbalestiers, et haquebutiers, qui en mettent souuent en euure : lesquelz m'ont dit que les plus petites testes noires qui vienent de l'Escosse sauuage, qu'on apporte en grand nombre vendre a la Rochelle, sont beaucoup plus pesantes et maßiues que celles que nous auons en ce pays de France, car elles n'ont pas tant de moelle. Combien qu'il y ha vne forest en Poictou, appellee la forest de Mereuant, en laquelle les Cerfz portent de petites testes basses et noires, n'ayans que bien peu de moelle, et sont presque semblables a celles d'Irlande. Il y ha vne autre forest a quatre lieues de là, nommee Chisay, en laquelle les Cerfz portent leurs testes au contraire, car ilz les portent grandes, rouges, et pleines de moelle, et sont fort legieres quand elles sont seches. I'ay bien voulu alleguer toutes ces choses icy, pour donner a entendre que les Cerfz portent leurs testes selon les pays et gaignages là ou ilz sont nourris, car la forest de Mereuant est toute en montaignes, vallees, et baricaues, là ou leurs viandes sont arres, et aigres, et de peu de substance : au contraire la forest de Chisay est en pays de pleine, enuironnee de tous bons gaignages, comme bledz, et legumes, dequoy ilz prenent bonne nourriture, qui est la cause pourquoy leurs testes vienent si belles et bien nees.

Du pelage des Cerfz.

CHAP. 20.

NOVS auons trois sortes de pelages de Cerfz, sçauoir est, Bruns, Fauues, et Rouges, et de chascun pelage vienent deux especes de Cerfz, dont les vns sont grans, les autres petis.

Premierement des Cerfz bruns, il en y ha qui sont grans, longs et esclames, lesquelz portent leurs testes fort hautes, de couleur rouge, belles et bien nees, qui courent volontiers longuement, car tous Cerfz longs ont meilleur corps, et plus longue haleine que les courtz.

L'autre espece de bruns, sont petis Cerfz trappes et courtz, lesquelz portent communément du poil noir sur le col, comme crin, et se chargent de meilleure venaison et plus friande que ne sont pas les autres, a cause qu'ilz hantent plus communément les tailles que les fustayes. Ce sont Cerfz malicieux, qui se recelent sur eux, par ce que quand ilz sont en leur venaison, ilz ont crainte qu'on les trouue, d'autant qu'ilz n'ont pas corps pour courir longuement. Aussi ont ilz leurs allures fort courtes, et portent leurs testes basses et ouuertes. Et s'ilz sont vieux Cerfz nourriz en bon pays de gaignages, ilz ont leurs testes noires, belles et bien semees, et portent communément la paumure a mont. Les autres Cerfz de pelage fauue, portent leurs testes hautes, et de couleur blanche, desquelles les perches en sont deliees, et les andoilliers longs, grestes, et mal nourris, principalement ceux qui sont du pelage fauue tirant sur le blanc palle, aussi n'ont ilz point de cueur ne de force : mais ceux qui sont de pelage fauue vif, ausquelz on trouue le plus souuent vne petite raye brune sur l'eschine, et les iambes de mesme pelage, estans longs et esclames, telle espece de Cerfz sont fort vigoureux, portans belles testes, hautes, bien nourries, bien perlees, et tous autres signes que ie declareray cy apres. Les Cerfz portans le pelage rouge et vif, sont communément ieunes Cerfz : telle sorte de pelage ne doit point resiouyr les piqueurs, par ce qu'ilz courent longuement et de grand' haleine.

Des testes ou rameures des Cerfz, & de la diuersité d'icelles.

CHAP. 21.

LES Cerfz portent leurs testes en diuerses manieres. Les vns bien nees, les autres mal ordonnees, et mal nourries, d'autres contrefaites, selon l'aage, le pays, ennuy et nourriture qu'ilz ont. Et faut noter qu'ilz ne portent leurs premieres testes, que nous appellons les dagues, sinon a leur deuxiesme an. A leurs tiers an, ilz doyuent porter quatre, six, ou huyt cornettes. A leur quart an, ilz en portent huyt ou dix. A leur cinquiesme an, ilz en portent dix ou douze. A leur sixiesme an, ilz en portent douze, quatorze, ou seze. Et au septiesme an, leurs testes sont marquees et semees de tout ce qu'elles porteront iamais, et ne multipliront plus sinon en grosseur, et selon les viandes et ennuys qu'ilz auront apres les sept ans accomplis, ilz marqueront leurs testes, tantost plus, tantost moins: combien qu'on cognoistra tousiours les vieux Cerfz aux signes qui s'ensuyuent.

Premierement, quand ilz ont le tour de la meule large, et gros, bien pierré, et pres du suc de la teste.

Secondement, quand ilz ont la perche grosse, bien brunie, et bien perlee, estant droicte, sans estre tiree des andoilliers.

Tiercement, quand ilz ont les goutieres grandes et larges. En apres si le premier andoiller (que Phebus nomme antoiller) est gros, long, et pres de la meule, le surandoillier assez pres du premier, lequel se doyt eslargir vn peu plus au debors de la perche, que non pas le premier, toutesfois qu'il ne doyt pas estre si long, et faut qu'ilz soyent bien perlez, tout cela signiffie la vieillesse d'vn Cerf. Aussi les autres cheuilleures ou cors qui sont au dessus, bien rangez et bien nez, selon la forme de la teste, et la trocheure, paumure, ou couronneure grosse et large, selon la grandeur et grosseur de la perche, font iugement d'vn vieux Cerf. Si les espois qui sont sommez dessus doublent ensemble en la courõneure ou paumure, c'est signe d'vn grand vieux Cerf. Aussi quand les Cerfz ont les testes larges et ouuertes, cela les signiffie plus communement vieux, que non pas quand ilz les ont rouees. Et pource que plusieurs ne pourroyent entendre les noms et diuersitez des testes, selon les termes de Venerie, i'ay bien voulu les depeindre et pourtraire icy, auec de petis escriteaux, pour specifier les noms de chascun article cy dessus mentionné.

Ce qui porte les andoillers, cheuilleures & espois, se doyt nommer perche : & les petites fentes qui sont du long de la perche, se nomment goutieres.

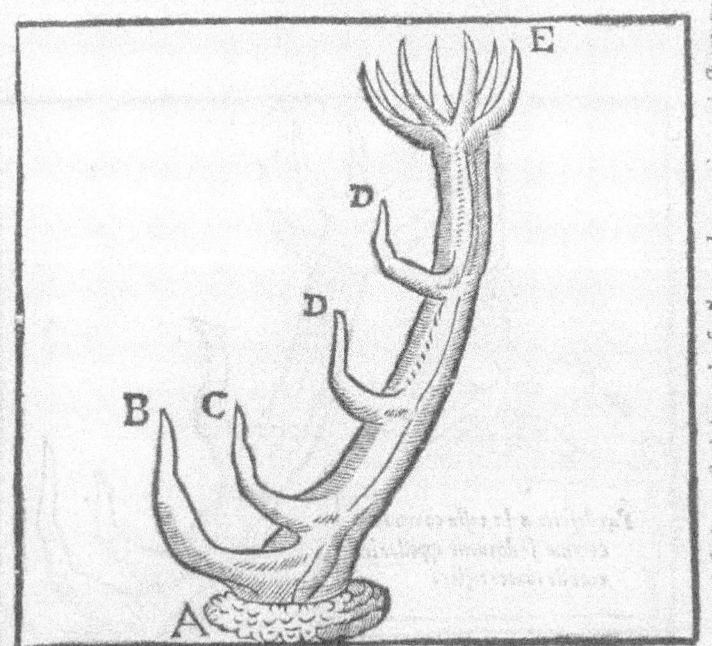

Ce qui est sur la crouste de la perche se nõme perleure, mais ce qui est autour de la meule en forme de petites pierres, pierreure, plus grosses que les autres.

A. Cecy se doyt appeller meule, et ce qui est autour de la meule, pierrerie.

B. Ce premier cors se nomme andoiller.

C. Le second, surandoiller.

D. Tous ceux qui vienent apres iusques a la courõneure, paumure, ou trocheure se doyuent nõmer cors ou cheuilleures.

E. Ces cors qui sont a la sommité de la perche, se doyuent nommer Espois.

Ceste teste se doyt appeller teste couronnee, parce que les espois qui sont plantez en la sommité de la perche, sont rangez en forme de courõne : combien qu'on n'en veoyt que bien peu en France, si elles ne vienent d'Alemaigne, ou du pays des Moscouites.

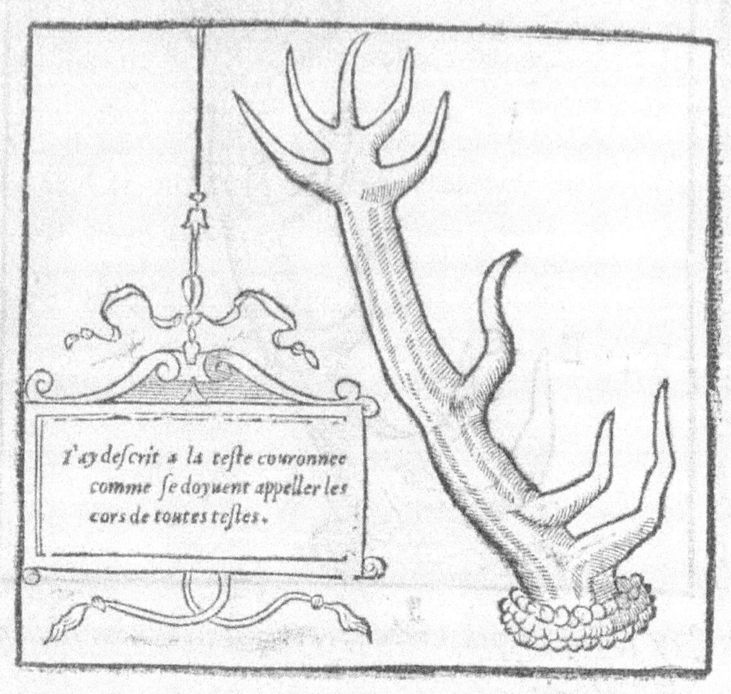

Ceste teste se doyt nommer paumee, par ce que les espois, qui sont plantez en la sommité de la perche, sont rangez en la forme d'vne main d'homme, a ceste cause on l'appelle paumure.

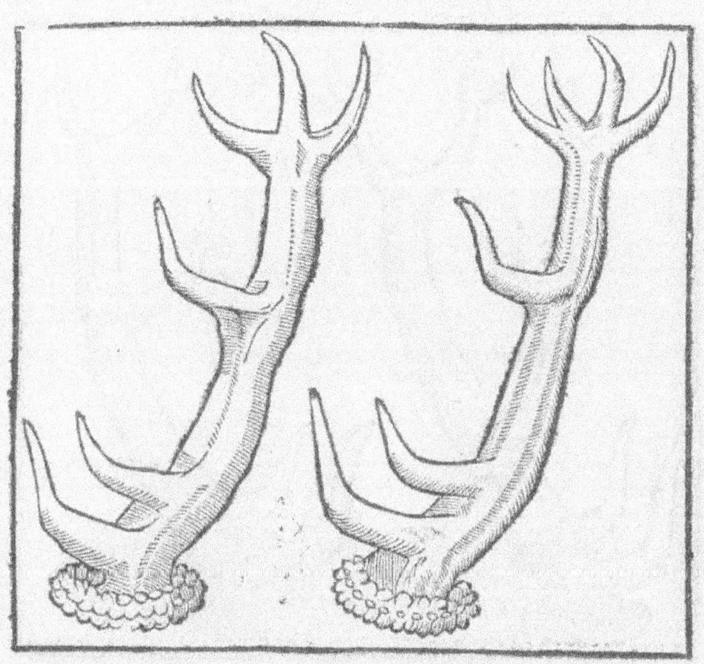

Toutes testes ne portans que quatre et troys, les espois estans plantez en la sommité, tous d'une hauteur, en la forme d'une trochee de poires ou de nouzilles, se doyuent nommer teste portant trocheures.

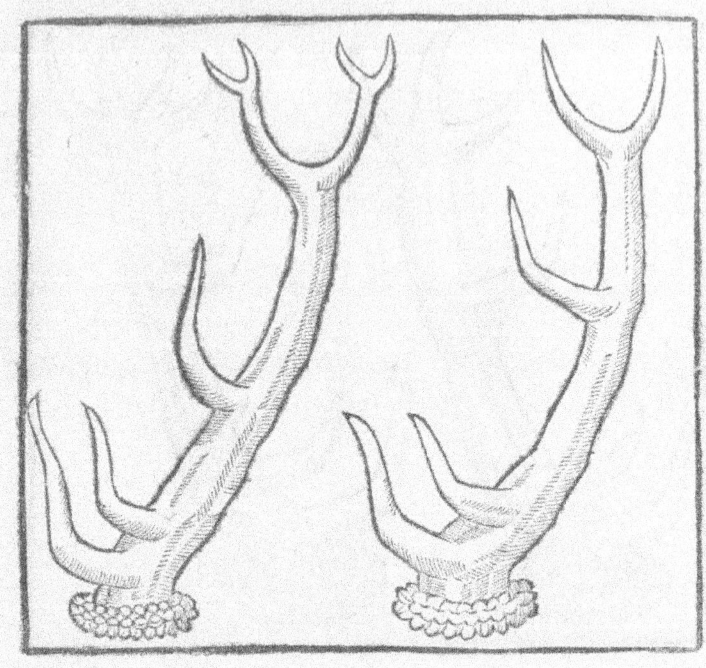

Toutes testes portans deux amons, ou que les espois doublent, en la maniere qu'ilz sont icy pourtraitz, elles se doyuent nommer teste en fourchie, d'autant que les espois sont plantez en la sommité de la perche en forme d'vne fourche.

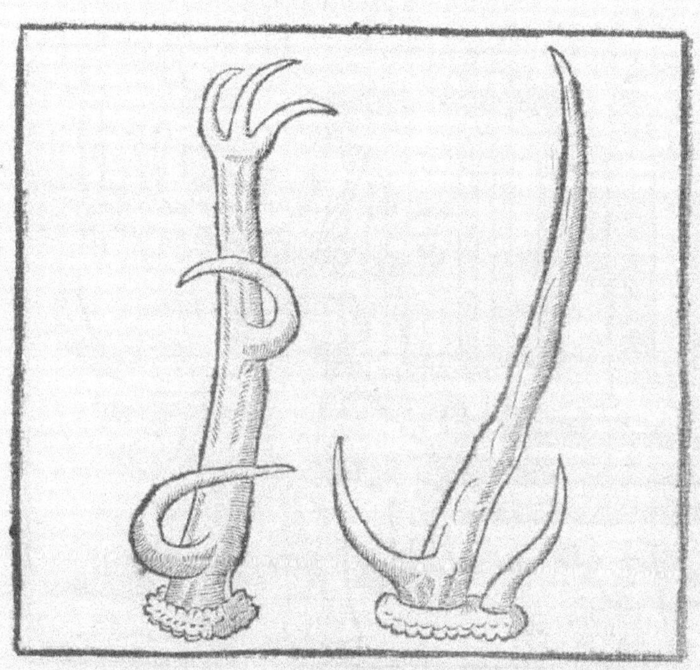

Toutes testes qui doublent meules, ou qui ont les andoilliers, cheuilleures ou espois renuersez au contraire des autres testes, comme pourrez veoir par ceste presente pourtraicture, ou en autre façon, se doyuent nommer testes.

Le Blaſon du Veneur.

IE ſuys Veneur, qui me leue matin,
Prens ma bouteille, & l'emplis de bon vin,
Beuuant deux coups en toute diligence,
Pour cheminer en plus grande aſſeurance :
Mettant le traict au col de mon Limier,
Pour aux foreſtz le Cerf aller chercher :
Et en queſtant aux cernes des gaignages
Souuent entens des oyſeaux les ramages.
Tenant mon Chien ie prens fort grand plaiſir,

Quand ie cognois que du Cerf ha desir.
Et puis trouuant la fillette en l'enceincte
Mon art permet la besongner sans feincte:
Apres qu'auray troys coups fait le deuoir,
Et destourné le Cerf a mon pouuoir,
A l'assemblee alors faut retourner
Pour mon rapport froidement racompter,
Donnant salut au Princes & Seigneurs,
Et les fumees monstrans aux cognoisseurs,
Lors de bon vin soudain on me presente,
Car c'est le droit de l'art qui le commande.
Apres disner m'enuoys incontinent
A ma brisee, mon maistre entretenant.
Puis sur les voyes mon Chien se fait entendre
Allant lancer le Cerf hors de sa chambre.
Dont ne desplaise aux Fauconniers verreurs
Leur estat n'est approchant des Veneurs.

Des cognoissances & iugementz que le Veneur doyt entendre & scauoir pour cognoistre les vieux Cerfz.

Le iugement du Pied. *Le iugement des fumees.*
Le iugement des portees. *Le iugement des allures.*
Le iugement des abatures et fouleures.
Le iugement des frayouers.

Lesquelz ie specifiray cy apres par chapitres, commançant au iugement du pied.

Du iugement & cognoiſſance du pied ou foys du Cerf.

CHAP. 22.

LES vieux Cerfz ont communément les cognoiſſances qui ſ'enſuyuent. Premierement, il faut regarder a la ſole du pied, laquelle doyt eſtre grande et large. Et notez que ſ'il y ha deux Cerfz enſemble, dont l'vn ayt le pied long, et l'autre rond, et que les ſignes et iugementz de tous deux ſoyent de meſme groſſeur et grandeur, ſi eſt ce que le pied long ſe doyt touſiours iuger plus Cerf que le pied rond, car il n'y ha point de faute que le corſage n'en ſoit plus grand que de l'autre. Plus faut regarder au talon, lequel doyt eſtre gros et large, et la petite comblette ou fente, qui eſt par le meillieu d'iceluy, qui fait la ſeparation des

deux costez, doyt estre large et ouuerte, la iambe large, les os gros, courtz et point tranchantz, la pince ronde et grosse. Communément les grands vieux Cerfz sont bas ioinctez, et ne se faux-marchent iamais, par ce que les nerfz qui tienent les ioinctures des ongles sont renforcez, et tienent coup a la pesanteur du corps: ce que ne font pas aux ieunes Cerfz, car les ioinctures et nerfz qui tienent leurs ongles sont foibles, n'estans encores en leur force, lesquelz ne peuuent supporter la pesanteur du corps, tellement qu'il faut que l'ongle varie et faux-marche, a ceste cause ilz se doyuent iuger ieunes Cerfz. Plus les vieux Cerfz en leurs allures ne passent iamais le pied de derriere outre celuy de deuant, mais demeure apres de quatre doigtz pour le moins: ce que ne font pas les ieunes Cerfz, car en leurs allures le pied de derriere outrepasse celuy de deuant, comme fait vne Mule qui va l'amble.

Cerfz ayans le pied creux, pourueu que tous autres bons signes y soyent, se peuuent iuger vieux Cerfz. Ceux qui ont haut et mol pas, en lieu ou il n'y ayt gueres de pierres, se iugent par la estre vigoureux, n'ayans gueres esté chassez ne courus. Il faut icy entendre qu'il y ha grand' difference entre les cognoissances du pied des Biches, et du pied des Cerfz: toutesfois quand les Biches sont pleines, vn ieune Veneur s'y pourroit bien tromper, par ce qu'elles ouurent les ongles, a cause de leur pesanteur, comme fait vn Cerf, mais si est-ce que les cognoissances en sont bien apparentes: car si vous regardez le talon d'vne Biche, vous trouuerrez qu'il n'est si ieune Cerf, portant sa seconde teste, qui ne l'ayt plus gros et plus large qu'elle n'ha pas, et les os plus gros: aussi elles ont communément le pied long, estroit, et creux, auec de petis os tranchantz. Autrement vous pourrez iuger les Biches aux viandis, par ce qu'elles viandent gourmandement, coupant le boys rond comme fait vn Beuf: et au contraire, le Cerf de dix cors le prend delicatement, en l'eruçant pour *en auoir la liqueur la plus douce et tendre qu'il peut.*

Et si faut que le Veneur entende vn secret, c'est que quand il sera aux boys, et qu'il vient a rencontrer d'vn Cerf, premierement doyt regarder quel pied c'est, s'il est vsé ou tranchant, apres qu'il regarde le pays, et la forest là ou il sera, car il pourra presumer en luymesmes, si c'est a l'occasion du pays ou autrement: par ce que communément les Cerfz nourris aux montaignes et pays pierreux ont les pinces et les tranchans ou costez du pied fort vsez: la raison est, qu'en montant sur les montaignes et rochiers, ilz n'appuyent que de la pince ou des costez du pied, et non du talon, lesquelles pinces les rochiers et pierres vsent incessamment, et par ainsi se pourroyent parauanture iuger plus vieux Cerfz qu'ilz ne seroyent. Les Cerfz sont au contraire en pays sablonneux, car ilz appuyent plus du talon que des pinces: la raison est, qu'en appuyant du pied sur le sable, il fuyt et coule de dessoubz la pince, a cause de la pesanteur, car l'ongle qui est dur le fait glisser, et alors est contraint le Cerf de se supporter et appuyer sur le talon, qui est aucunes-fois l'occasion de le faire croistre et eslargir. Tous ces signes sont les vrays iugemens et cognoissances que le Veneur doyt sçauoir et entendre du pied du Cerf. I'eusse bien declairé aux apprentisz que c'est que de la pince, des os, et autres choses, mais ie voy qu'auiourd'huy il en y ha tant qui l'entendent, que ie m'en tais a cause de breueté.

Du iugement & cognoiſſance des fumees des Cerfz de dix cors, & des vieux Cerfz.

CHAP. 23.

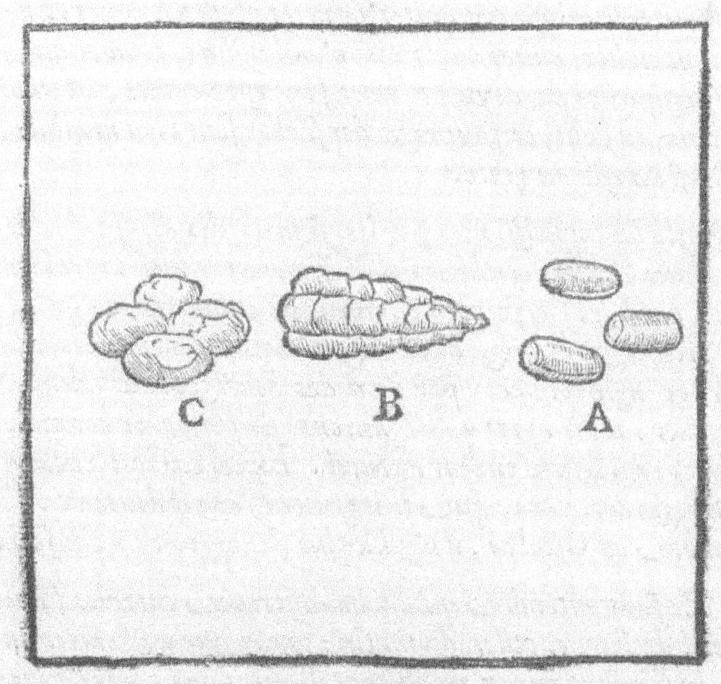

A. Fumees formees.
B. Fumees en torches.
C. Fumees en plateaux.

C. AV MOYS *d'Auril et May on commance a iuger les vieux Cerfz par les fumees, leſquelles ilz iettent en plateaux, et ſ'ilz ſont larges, gros, et eſpois, c'eſt ſigne qu'ilz ſont Cerfz de dix cors.*

B. Aux moys de Iuing et Iuillet, ilz doyuent ietter leurs fumees en grosses torches bien molles: toutesfois il y en ha quelques vns qui les iettent encores en plateaux iusques a la mi-Iuing.

A. Et depuis la mi-Iuillet iusques a la fin d'Aoust, ilz doyuent ietter leurs fumees toutes formees, grosses, longues et nouees, bien martelees, ointes ou dorees, n'en laissant tomber que bien peu: lesquelles ilz doyuent semer sans estre entees, et auoir des piquons au bout, et faut regarder si elles sont bien moulues, et si le Cerf ha esté au grain.

Voyla les cognoissances par les fumees des Cerfz de dix cors, et vieux Cerfz: combien qu'ilz se peuuent mes-iuger bien souuent, car si les Cerfz ont beu quelques ennuytz, ou qu'ilz soyent blessez ou boyez, alors ilz iettent volontiers leurs fumees arses et aguillonnees, par l'vn des boutz, principalement au frayoüer: mais apres qu'ilz auront esté frayez et bruniz, leurs fumees reuienent en leur naturel. En tel cas le Veneur y doyt bien regarder, par ce que le iugement en est douteux. En Septembre et Octobre, il n'y ha plus de iugement a cause du rut.

Et faut entendre qu'il y ha difference entre les fumees du releué du soir, et celles du matin: par ce que les fumees du releue du soir sont mieux moulues et digerees que celles du matin, a cause que le Cerf ha fait son repos tout le iour, et beu temps et repos de faire son runge, et digerer son viandis: au contraire est des fumees du matin, car elles ne sont si bien digerees ou moulues, a cause de l'exercice sans repos qu'ilz font la nuict en viandant.

Du iugement

Du iugement des portees.

CHAP. 24.

LE VENEVR peut auoir iugement et cognoissance de la teste des Cerfz, toute l'annee, par les portees, exceptez quatre moys qui sont Mars, Auril, May, et Iuing, auquel temps ilz muent, et ont leur teste molle et en sang, et n'y ha en icelle saison grand iugement. Mais lors que leurs testes commancent a durcir, il y ha iugement par les portees, iusques a ce qu'ilz ayent mué. Par ce qu'en entrant dedans les forts, ilz leuent leurs testes sans craindre de heurter, et tourner les branches, et par la le Veneur en peut auoir cognoissance. Mais quand les Cerfz ont leurs testes molles, et en sang, ilz sont de peu de iugement, d'autant qu'ilz les couchent sur leur eschine, de peur de les heurter aux branches, et les blesser. Quand le Veneur verra que les Cerfz auront la teste endurcie, et qu'ilz se pourront iuger par les portees, il faut qu'il regarde aux entrees des fortz, par ou ilz se rembuschent, et principalement dedans les grandes tailles, qui n'auront esté coupees de huyt ou dix ans, ausquelles il verra, par les routes ou les Cerfz passent, les branches tournees et heurtees des deux costez, et en regardant la largeur de la teste, il pourra iuger si elle est bien ouuerte. Et s'il y ha quelque endroit de boys cler, ou le Cerf auroit leué la teste en son entier, ou bien qu'il se fust arresté pour escouter (car volontiers quand les Cerfz veulent ouyr, ilz leuent la teste et les oreilles) alors il pourroit heurter du bout des espois a quelques petites branches seches, qu'il auroyt rompues, par lesquelles, et autres marques, le Veneur pourra iuger la longueur et hauteur de la perche et teste des Cerfz.

Du iugement des alleures.

CHAP. 25.

PAR les alleures, le Veneur pourra cognoistre si le Cerf est grand et long, et s'il courra longuement deuant les Chiens. Car tous Cerfz ayans les alleures longues, courent plus longuement que ceux qui ont les allures courtes, et sont plus vistes, plus legiers, et de meilleure haleine. Aussi les Cerfz ayans de grandes cognoissances aux piedz de deuant, ne courent pas volontiers longuement deuant les Chiens : le Veneur peut cognoistre par ces signes la force des Cerfz, et garder l'auantage des Chiens. Aussi les Cerfz ayans le pied long, ont le corsage plus grand que ceux qui l'ont rond.

Du iugement des abateures & fouleures.

CHAP. 26.

SI VOVLEZ cognoistre si vn Cerf est haut sur iambes, semblablement la grosseur et espesseur de son corps, il faut regarder l'endroit par ou il entre au fort, es fougeres, et menuz boys, lesquelz il aura laissez entre ses iambes : sçauoir de quelle hauteur il les aura abbatus auec le ventre, alors cognoistrez s'il est haut sur iambes. La grosseur se cognoist aux deux costez, la ou son corps aura touché, car il y aura brisé et rompu les branches seches des deux costez, et par la pourrez mesurer sa grosseur.

Le iugement du frayouer.

CHAP. 27.

COMMVNEMENT les vieux Cerfz font leur frayoüer aux ieunes arbres qu'on laisse dedans les tailles, et tant plus les Cerfz sont vieux et plus tost vont frayer, et a plus gros arbres, lesquelz ilz ne pourront plier auec leurs testes. Et quand le Veneur trouuera le frayoüer, il doyt regarder la hauteur ou les boutz de la trocheure ou paumure auront touché, et là ou les branches seront heurtees et rompues, alors cognoistra la hauteur de sa teste. Et s'il veoit qu'il y ayt au plus haut du frayoüer quatre branches heurtees au coup, et d'vne hauteur, c'est signe que le Cerf peut porter sa teste en trocheure ou couronneure.

Pareillement si le Veneur veoit que troys andoillers ayent touché a troys branches d'vne hauteur, et qu'il y en ayt deux qui ayent touché plus bas, c'est signe qu'il porte paumeure. Combien que ces signes soyent fort obscurs, et qu'ilz requierent auoir l'œil bon pour en auoir cognoissance par les petites branches et fueilles: toutesfois vous apprendrez que les vieux Cerfz font bien des hardouers aux petis arbres, comme aux saules noirs, et autres semblables, aussi bien que les ieunes Cerfz: mais les ieunes ne vont iamais frayer aux grosses arbres, s'ilz ne sont Cerfz de dix cors. Je n'en declareray autre chose, par autant qu'il y ha d'autres plus certains signes et iugemens cy dessus mentionnez.

Comme le Veneur doyt chercher les Cerfz aux gaignages selon les moys & saisons.

CHAP. 28.

IE DONNERAY icy intelligence a tous Veneurs, menans le Limier au boys, comme ilz se doyuent gouuerner sçelon les moys et saisons, car les Cerfz changent de viandis tous les moys : et tout ainsi que le Soleil hausse, et que les viandis croissent, ilz font mutation de gaignage.

Premierement ie commanceray a la sortie du rut, qui est a la fin du moys d'Octobre, poursuyuant de moys en moys iusques au moys de Septembre.

A ceste cause au moys de Nouembre faut chercher les Cerfz aux brandes et bruyeres, desquelles ilz vont viander les poinctes et fleurs, par ce qu'elles sont chaudes, et de grande substance, qui les remet en nature, et reconforte leurs membres, qui sont trauaillez du rut, et font leur demeure aucunesfois en ces brãdes, et bruyeres, principalemẽt quand le Soleil rend chaleur.

En Decembre ilz se mettent en hardes, et se retirent au profond des forestz, pour auoir l'abry des ventz froidz, neges, et verglaz, et vont faire leurs viãdis aux houssieres, aux fueilles de la ronce, et du suz, et autres choses qu'ilz peuuent trouuer. Et s'il nege, ilz viandent la poincte de la mousse, et pelent le boys tout ainsi que fait vne Chieure.

En Ianuier ilz laissent les hardes des meschantes bestes, et s'accompaignent troys ou quatre Cerfz ensemble, en se retirans aux ailes des forestz, et vont aux gaignages aux bledz vers, comme seigles, et leurs semblables.

En Feburier et Mars ilz vont aux viandis aux chatons des saules et coudres, aux bledz vers, et dedans les prez au cochet, et aux boutons du mort boys, comme cheurefueil, bouleaux, et leurs semblables. En ces moys la, ilz muent et iettent leurs testes, commançans a regarder le pays le plus commode pour prendre leurs buyssons, et refaire leurs testes, et lors se departent d'ensemble.

En Auril et May ilz sont a repos en leurs buyssons, ausquelz ilz demeurent pour toute la saison, et n'en bougeront iusques au commancement du rut, si on ne leur fait de grans ennuys, se recelans pres de quelques petites tailles desrobbees, esquelles y aura force boys de bourdaine, ou ilz iront faire leurs viandis, semblablement aux poys, febues, iarrousses, vesce, et autres legumes qu'ilz pourront trouuer aupres d'eux, et feront bien peu de pays. Aucuns Cerfz y ha qui viandent sur eux, ne sortans que de deux iours en deux iours hors de leur buysson, pour aller aux gaignages. Et notez qu'il y ha des Cerfz si malicieux qu'ilz font deux buyssons, et quand ilz ont esté troys iours en vn costé de la forest, ilz s'en vont troys iours en vn autre buysson d'vn autre costé: ce sont Cerfz qui ont heu ennuy en leurs viandis, lesquelz chãgent de buysson quand le vent tourne pour auoir sentiment a la sortie de leur fort de ce qui est en leurs gaignages. Et faut entendre qu'en ces moys d'Auril et May, ilz ne vont point a l'eau, a cause de l'humidité de la taille, et de l'esgail qui leur donne suffisance.

En Iuin, Iuillet, et Aoust, ilz vont aux tailles, cõme dessus, et aux grains, comme froumens, auoynes, seigles, orges, et autres choses qu'ilz peuuent trouuer, et a l'heure sont en leur grãde venaison. Et quelque chose qu'on vueille dire, ilz vont a l'eau, et les ay veu boire, mais c'est plus cõmunément en ceste saison qu'en autre, a cause des grains secz qui les alterent: et aussi de la vehemente chaleur et secheresse qui oste l'esgail et humidité du boys, lequel commance a durcir.

En Septembre et Octobre ilz laissent leurs buyssons et vont au rut, a cest heure la ilz n'ont point de repos ne de viandis certain, comme i'ay declairé cy dessus au chapitre du rut.

Comme le Veneur doyt aller en queste aux tailles auec le Limier.

CHAP. 29.

INCONTINANT apres soupper, le Veneur doyt aller a la chambre de son maistre, et s'il est au Roy, faut qu'il aille a la chambre du lieutenant de la Venerie, pour sçauoir en quel lieu on depart les questes, a fin de demander la sienne. Ce fait, s'en doyt aller coucher, pour se leuer matin, sçelon la saison et temps qu'il fera, et le lieu ou il voudra aller au boys. Puis quand il sera prest, faut qu'il boyue le coup, et aille querir son Chien pour le faire desieuner, et n'oublier a emplir sa bouteille de bon vin. Cela fait, il prendra du vinaigre dedans le creux de sa main, et le mettra aux nazeaux de

son Chien, pour les luy destoupper, a fin qu'il ayt meilleur sentiment. Alors s'en ira aux boys, et si d'auanture il trouuoit en allant quelque Lieure, Perdrix, ou autre oyseau ou beste couarde, viuant du grat et pasture, c'est mauuais presage pour luy : mais s'il rencontre quelque beste ou oyseau magiques, viuans de chair, comme Loups, Regnards, Corbeaux, et leurs semblables, c'est fort bon augure pour luy. Faut bien qu'il se garde d'arriuer trop matin aux tailles, et gettes là ou il pensera que les Cerfz releuent et facent leur viandy, car les Cerfz de repos font volontiers leur ressuy dedans la taille : et encores qu'ilz soyent retirez en leur fort, s'ilz sont Cerfz malicieux, ilz retournent aucunesfois au bort de la taille, pour veoir s'ilz orront ou verront rien qui leur puisse nuyre. Et si de fortune ilz auoyent le vent du Veneur, et de son Limier, ilz se pourroyent desbucher de leurs demeures, et aller en d'autres, principalement a la haute saison. Lors que le Veneur verra qu'il sera heure de se mettre en queste, il faut qu'il mette son Chien deuant luy, et prene le deuant des tailles ou des fortz. Et s'il vient a rencontrer d'vn Cerf qui luy plaise, il doyt bien regarder s'il va de bon temps ou non : et le pourra cognoistre, tant a la façon de faire de son Chien, qu'a son oeil. Car en regardant les routes ou voyes par ou le Cerf passe, il verra souuentesfois l'esgail abbatu, ou les foulees fraisches, ou bien la terre en la forme du pied enleuee de frais, et autres iugementz par lesquelz pourra cognoistre que le Cerf va de bon temps. Et ne faut pas qu'il s'arreste a vn tas de resueurs, qui disent que quand on trouue des arantelles dedans la forme du pied du Cerf, que c'est signe qu'il va de hautes erres. Telle maniere de gens y seroit souuentesfois trompee : car incessamment les arantelles tombent du Ciel, et ne sont point filees des araignees. Ce que i'ay veu par experience d'vn Cerf qui passoit a cent pas pres de moy, là ou i'allay soudainement veoir, ie n'y sceu iamais estre a temps que les filandres ou arantelles ne fussent tombees dedans la forme du pied. Il y ha encores vne autre chose la ou ilz s'amusent, qui me semble estre de peu de valeur. C'est que quand ilz veoyent l'eau clere dedans le pied, es lieux molz là ou le Cerf aura passé, ilz disent estre signe qu'il va aussi de hautes erres, sans auoir regard si les terres sont abbreuees d'eau ou non : si est ce qu'ilz peuuent bien penser que si elles sont abbreuees, les petites sources qui passent par les venes et conduitz d'icelle terre remplissent d'eau la forme du pied, et l'sclercissent soudainement. Qui sont les causes pourquoy le Veneur y doyt bien regarder, et ne s'amuser du tout a son Chien, car il y en ha qui trõpent souuent leurs maistres, et principalement les Chiens de haut nez : lesquelz ne valent gueres pour le matin a cause de l'esgail, et a telle heure tirent fort laschement faisant peu de compte des voyes, comme si vng Cerf alloit deuant eux de hautes erres. Mais quand le Soleil ha donné dessus, et qu'il ha attiré le sentiment de la terre, l'esgail estant tõbé, a l'heure ilz ont bon nez, et font bien leur deuoir.

Pour reuenir donc a nostre premier propos, Si le Veneur rencontre d'vn Cerf qui luy plaise, allant de bon temps deuant luy, et que son Chien le desire bien, il le doyt tenir de court, de peur qu'il caquette, et aussi qu'vn Chien suyt mieux au matin, estant tenu de court qu'autrement : combien qu'il y ha des Veneurs qui leur donnent la longueur du traict, ce qu'ilz ne doyuent faire. Apres qu'il aura reueu quel Cerf c'est, et qu'elles cognoissances il ha, faut qu'il le rende au couuert, et le rembuscher s'il peut, en reuoyant toutes les cognoissances, tant du pied que des portees, et foulees. Ce fait, faut qu'il iette ses brisees, l'vne haute et l'autre basse, comme l'art le requiert. Et tout soudain, tandis que son Chien est eschauffé, il doyt prendre ses deuans, et faire ses enceinctes deux ou troys fois : l'vne par les grandz chemins et voyes, a fin de s'ayder de son oeil : l'autre par le couuert de, peur, que son Chien le suraille, car il aura tousiours meilleur sentiment par le couuert que par les voyes et chemins. Et s'il ne trouuoit le Cerf sorty de son enceincte, et qu'il mescree auoir bien destourné, il s'en doyt aller a sa brisee, et prendre le contrepied pour leuer les fumees, tant du releué du soir que du matin, en regardant le lieu ou il ha fait son viandy, et dequoy : aussi pour veoir ses ruzes et malices, car par ses ruzes le Veneur pourra cognoistre ce qu'il fera estant deuant les Chiens: par ce que si au matin il fait ses ruzes en l'eau, ou bien dedans les chemins, quand il sera laissé courre deuant les Chiens, toutes les ruzes qu'il fera seront en mesmes lieux, et semblables a celles qu'il aura faictes au matin. Et par la le Veneur pourra garder l'auantage des Chiens, et des piqueurs. Que si d'auanture le Veneur trouuoit deux ou troys entrees, et autant de sorties, il doyt bien regarder laquelle entree l'emporte allant de meilleur temps, et si les sorties ne sont point de la nuict : par ce qu'vn Cerf sort et entre plusieurs-fois la nuict dedans son fort : ou bien si c'est vn Cerf malicieux, il pourra faire de grandes ruzes, allant et reuenant sur luy plusieurs-fois : lors si le Veneur ne pouuoit venir a bout de toutes ces sorties, et entrees, ne sachant laquelle de toutes le pourroit emporter, il faut qu'a l'heure il prene ses cernes et enceinctes plus grandes, et enfermer dedans toutes ses ruzes, entrees, et sorties. Puis quand il verra que le tout demeure en son enceincte, excepté seulement vne entree par laquelle il pourroit estre venu des tailles ou gaignages, a l'heure faut qu'il mette son Chien dessus, et le face, s'il est possible, saulcer iusques au fort, car il faut presumer que ces voyes l'emportent. Et en ceste maniere se doyuent destourner les Cerfz, non pas comme font les Veneurs du iourd'huy, car depuis qu'ilz voyent qu'ilz ne peuuent venir a bout d'vn Cerf, ilz se mettent a fouler les fortz pour le lancer, qui est souuentesfois cause qu'ilz ne trouuent rien en leurs enceinctes. Il y en ha quelques vns qui se fient en leurs Chiens, et quand ilz rencontrent d'vn Cerf, ilz le brisent seulement a l'entree du fort, et s'en vont au dessoubz du vent, et si leurs Chiens en veulent au vent, ilz ne font point d'enceincte, mais se contentent de cela : telle sorte de gens se fient plus en leurs Chiens qu'en leur oeil. Et me semble qu'vn bon Veneur ne doyt iamais faire cas d'vn Chien qui en desire au vent, par ce qu'il ne met iamais le nez a terre, qui est cause qu'il trompe bien souuent son maistre.

Comme le Veneur doyt aller en queste aux tailles ou gaignages, pour veoir le Cerf a veue.

CHAP. 30.

LE VENEUR doyt regarder le soir auant, en quel pays les Cerfz releuent: et si c'est dedans les tailles, il faut qu'il regarde par quel lieu il pourra venir le lendemain a bon vent: et aussi qu'il choisisse quelque bel arbre sur le bort de la taille, de laquelle il pourra veoir a son aise toutes les bestes qui seront dedans. Le lendemain se doyt leuer deux heures auant iour, et aller au boys : puis quand il sera arriué pres des demeures, faut qu'il laisse son Chien en vne maison, ou bien s'il ha vn garson auec luy, il luy pourra donner a garder, le faisant demeurer en quelque lieu, ou il le pourra trouuer s'il en ha affaire. Alors s'en doyt aller a son arbre qu'il aura remarqué le soir auant, et monter dedans, regardant en la taille : et s'il veoit quelque Cerf qui luy plaise, faut qu'il regarde quelle teste il porte, et ne doyt bouger de là iusques a ce qu'il le voye rembuscher au fort. Puis quand il verra qu'il sera au couuert, faut bien qu'il regarde l'endroit, et le lieu par ou il entre, et le remarquer a quelque petit arbre, ou autre chose qu'il pourra veoir. Ce fait, il descendra secretement de son arbre, et s'en ira querir son Chien. Mais faut qu'il note vn secret, c'est qu'il ne doyt aller destourner le Cerf d'vne bonne heure apres qu'il l'aura veu, par ce qu'aucunes-fois les Cerfz font leur ressuy au bord du fort, ou bien resortent dedans la taille pour escouter s'ilz orront ou verront rien qui leur nuyse, comme i'ay dit cy deuant : qui est la raison pourquoy le Veneur n'y doyt aller si soudain. Et si d'auenture en faisant son enceincte, il oyoit les Pies ou Geays caqueter, il faut qu'il se retire, car ce seroit signe que le Cerf seroit encores debout. Il pourra retourner enuiron demye heure apres faire son enceincte. Estant bien destourné, s'en ira a l'assemblee faire son rapport, et deschiffrer la teste du Cerf qu'il aura veu, et tous autres bons signes qui y pourront estre, et si de fortune il leue les fumees, les doyt mettre en sa trompe, et les y porter.

Comme le Veneur doyt aller en queste aux petites couronnes de tailles desrobees, qui sont par le milieu des fortz.

CHAP. 31.

BIEN souuent les Cerfz malicieux qui ont autresfois esté couruz et chassez, se recelent longuement sur eux, sans sortir de leur fort, et font leur viandy en quelques petites tailles et couppes desrobees, qui sont par le milieu des fortz : et le font plus communément en May et Iuing qu'en autre saison, par ce qu'en ces moys ilz ne vont gueres a l'eau, et se contentent de l'humidité et substance de la gette, et de l'esgail qui est dessus, lesquelz leurs donnent suffisance. Mais en Iuillet et Aoust que le boys durcist, et que les chaleurs sont vehementes, il faut qu'a l'heure ilz se decelent de leur fort pour aller a l'eau. Toutesfois en quelque saison que ce soit, ils ne se peuuēt receler plus haut de quatre iours sans sortir hors du buisson, pour beaucoup de raisons, dont l'vne est qu'ils veulent aller veoir la ou demeurent les autres bestes, ausquelles ilz esperent leur sauuegarde, affin que s'ilz se voyoient couruz des Chiens, de les donner en change, ou bien sortent pour aller aux gaignages : toutesfois quand ilz sortent ilz se retirent en leur fort deux ou troys heures auant iour.

A telz Cerfz malicieux il faut que le Veneur en vse en ceste sorte. Premierement quand il sera aux boys en quelque beau buysson ou fort au bout d'vne forest, et qu'il vient a rencontrer d'vn Cerf de vieux temps, comme d'vn ou deux iours, et que le pays fust fort rompu de ses vieilles erres, lors doyt prendre ses deuantz de tous costez, et si d'auanture il ne le trouuoit point en allé ne sorty de bon ne de vieux temps, il doyt presumer en luy-mesmes qu'il ne s'en va point, et qu'il se recele sur luy dedans le fort. Alors doyt aller prendre le dessoubz du vent, et entrer dedans le fort, tenant son Chien de court, en brossant le plus secretement qu'il pourra. Et s'il veoyt que son Chien ayt le vent de quelque chose, et qu'a veoir sa contenance il fust pres du Cerf, il se doyt retirer arriere de peur de le lancer, et aller entrer par quelque autre endroit la ou le boys seroit plus cler. Puis s'il arriue a trouuer quelques petites couronnes ou tailles desrobbees, la ou le Cerf auroit fait sa nuict, il en pourra reueoir a son ayse, et leuer les fumees. Mais faut icy noter vne chose, c'est qu'il ne doyt pas aller en telz lieux qu'il ne soyt pour le moins neuf heures du matin, pour ce que telz Cerfz font aucunes-fois leur ressuy dedans ces petites tailles, pour auoir la chaleur du Soleil : puis quand il vient sur les neuf heures, ilz se retirent a l'ombre, pour deux raisons principalles dont l'vne est, pour la crainte des mousches et tahons, qui les tormenteroyent s'ilz estoyent au descouuert, l'autre pour la vehemēte chaleur du Soleil qui seroit sur le Midy.

Et faut bien que le Veneur se prene garde d'entrer guere auant dedans le fort, par ce que telz Cerfz demeurent aucunesfois a la longueur du traict de ces petites tailles desrobbees, d'autant qu'ilz n'y ont point de crainte ne d'ennuy : mais leur suffist seulement d'estre au couuert, et aussi qu'ilz se releuent en telles tailles des cinq heures du soir. A ceste cause doyt suffire au Veneur d'auoir reueu par pied, et leué les fumees du Cerf, puis se retirer le plus secretement qu'il pourra, sans s'amuser a regarder les portees, tenant son Chien entre ses bras. Et quand il sera assez loing de la, doyt contrefaire le bergier, ou bien sonner de quelque flageau, de peur que le Cerf ayt beu le vent de luy, et qu'il se sou lancé: car en jouant des instrumens ou chantant, il se pourroit r'asseurer. Apres pourra arrester demye heure ou plus en quelque lieu, pour le laisser asseurer, puis refera son enceincte. Et si d'auanture il ne pouuoit leuer les fumees, et que le pays fust si feutré d'herbe qu'il n'en peust reuoir par pied a son ayse, lors doyt mettre le genoil en terre, ayant son Chien derriere luy, regardant aux foulees des fueilles, et de l'herbe, si elles sont bien estraintes, mettant sa main dedans la forme du pied : et s'il veoit qu'elle ayt quatre doigts de largeur, il le peut iuger Cerf de dix cors par les foulees, mais s'elle n'auoit que trois doigtz de largeur, il le doyt iuger ieune Cerf.

Comme le Veneur doyt aller en queste aux gaignages. CHAP. 32.

IL faut icy entendre qu'il y ha difference entre gaignages et tailles, car ce que nous appellons gaignages sont champs et iardins ou croissent toutes especes de bledz, et potages: et quand les Cerfz vont là viander, nous disons qu'ilz ont esté aux gaignages. Il faut que le Veneur se leue matin pour aller en queste en telz lieux, par ce que les bonnes gens des villages, qui sont es enuirons, se leuent des l'aube du iour, pour mettre leur bestiail aux champs, qui est cause que les Cerfz se retirent de bonne heure en leur fort. Et außi que les Vaches, Cheures, Brebis, et plusieurs autres bestes romperoyent les voyes ou routes, par ou le Cerf auroit passé, qui seroit cause que le Veneur n'en pourroit reuoir, ne son Chien auoir sentiment. Et par ainsi faut qu'il aille en queste au plus matin.

Comme le Veneur doyt aller requester le Cerf, qui aura esté couru & failly le iour auant.

CHAP. 33.

IL ARRIVE bien souuent qu'on faut a prendre le Cerf a force, en beaucoup de sortes. Aucunes-fois a l'occasion des grandes chaleurs, ou bien qu'on est surprins de la nuict, et en plusieurs autres manieres, qui me seroyent prolixes a narrer. Quand telles choses arriuent, il faut se gouuerner en ceste façon.

Premierement, ceux qui accompaignent les Chiens doyuent ietter vne brisee aux dernieres voyes ou erres, la ou ilz laisseront le Cerf, a fin de le retourner quester le lendemain des le point du iour, auec le Limier, et les Chiens de la meute apres eux. Car quand il est question de requester vn Cerf, il ne faut faire rapport n'assemblee, par ce qu'on ne sçait si la suyte sera longue, n'en quel pays il sera allé: par ce que communément Cerfz couruz vont tant qu'ilz ont force, puis s'ilz trouuent quelque eau ilz s'arrestent longuement dedans, et se roidissent en telle sorte les membres, qu'au sortir d'icelle ilz ne peuuent pas aller gueres loing, et a l'heure sont contraintz de demeurer en quelque lieu que ce soit, mais qu'ilz soyent au couuert, faisant leur viandy de couché, de ce qu'ilz peuuent trouuer autour d'eux. Quand les Veneurs seront arriuez aux dernieres voyes ou aura esté mise la brisee, ilz se doyuent departir: et celuy qui aura le meilleur Chien, et de plus haut nez, doyt prendre le droit, et faire suyure son Chien sur les routes, en le tenant de court, n'ayant crainte de le faire sonner et appeller. Les autres doyuent prendre les deuans au loing, par les fraischeurs, et lieux commodes, pour en reuoir a leur ayse, et pour le sentiment de leur Chien. Et si de fortune l'vn d'eux le trouuoit passé, il se doyt *mettre apres, et faire suyure son Chien, en huchant ou sonnant deux motz de la trompe, pour appeller ses compaignons, et pour faire approcher la meute. Les autres l'ayant ouy, incontinent doyuent aller a luy, et regarder tous ensemble si c'est leur droit : et s'ilz cognoissent que ce soit luy, faut qu'ilz laissent suyure le Chien qui desirera le mieux les voyes : et les autres se doyuent departir et reprendre encores les deuantz au loing. Et si d'auanture ilz le trouuoyent entré en quelques belles demeures, faut qu'ilz facent approcher les Chiens d'eux, et faulcer au trauers du fort. Et s'ilz arriuent a renouueller les voyes dedans le fort, doyuent bien regarder si c'est point du change. Mais si celuy qui fait la suyte cognoist que ce soit son droit, doyt sonner deux motz pour appeller ses compaignons, et pour aduertir les piqueurs qu'ilz se donnent de garde, par ce que son Chien renouuelle les voyes. Et si de fortune il vient a le lancer, et qu'il trouue cinq ou six reposees l'vne aupres de l'autre, il ne s'en doyt pas estonner, car volontiers les Cerfz trauaillez, et mal menez font plusieurs reposees, les vnes pres des autres, par ce qu'ilz ne se peuuent tenir debout, mais faut qu'ilz viandent de couché. Les ieunes Veneurs qui n'entendent ce secret, y sont souuentes-fois trompez, car quand ilz voyent tant de reposees, ilz pensent que ce soit vne harde de bestes, et faut bien qu'ilz y regardent.*

Comme le Veneur doyt aller en queste aux hautes fustayes.

CHAP. 34.

QUAND le Veneur ira en queste aux hautes fustayes, il faut premierement qu'il regarde deux choses : sçauoir est, la saison ou il sera, et les demeures de la forest. Car si c'est en la haute saison, les tahons, mousches, et autres vermines chassent les Cerfz des fustayes, et aussi qu'ilz s'escartent aux petis fortz pres des gaignages.

Il y ha des forestz de diuerses sortes : les vnes sont fortes de houssieres, les autres ont par le milieu des couronnes de brandes, il y en ha d'autres qui sont enuironnees de tailles. Et par ainsi faut que le Veneur se gouuerne sçelon le pays qu'il verra. Car aucunesfois les Cerfz demeurent dedans les petites couronnes de brandes, soubz quelque petit arbre au descouuert, ou bien dessoubz les fustayes, ou au bort d'icelles, en quelques petites brosses. Et faut qu'en telz lieux le Veneur face ses enceinctes grandes ou petites sçelon les demeures, par ce que si on lance vn Cerf dedans les fustayes on ne le cuydera plus destourner n'approcher : et si le veneur est sage, il n'en fera point de rapport.

I'en parlerois plus au long, mais ie voy que les Veneurs qui viendront apres nous, n'auront pas grand' peine a chercher les Cerfz aux fustayes.

Du lieu ou ſe doyt faire l'aſſemblee, & comme elle ſe doyt faire.

CHAP. 35.

L'ASSEMBLEE ſe doyt faire en quelque beau lieu, ſoubz des arbres, aupres d'vne fontaine ou ruiſſeau, là ou les Veneurs ſe doyuent tous rendre, pour faire leur rapport. Ce pendant le Sommelier doyt venir auec troys bons cheuaux, chargez d'instrumentz pour arroser le gouzier : comme coutretz, barraux, barrilz, flacons et bouteilles, lesquelles doyuent estre pleines de bon vin d'Arbois, de Beaulne, de Chaloce, et de Graue. Luy estant descendu de Cheual les mettra refraischir en l'eau, ou bien les pourra faire refroidir auec du Canfre : apres il estendra la nappe sur la verdure. Ce fait, le cuysinier s'en viendra chargé de plusieurs bons harnois de gueule, comme jambons, langues de Beuf fumees, groings et oreilles de Pourceau, ceruelat, eschinees, pieces de Beuf de saison, carbonnades, jambons de Mageance, pastez, longes de veau, froides, couuertes de poudre blanche, et autres menuz suffrages pour remplir le boudin : lesquelz il mettra sur la nappe. Lors le Roy ou le Seigneur, auec ceux de sa table, estendront leurs manteaux sur l'herbe, et se coucheront de costé dessus, beuuans, mangeans, rians, et faisans grand chere. Et s'il y ha quelque femme de reputation en pays, qui face plaisir aux compaignons, elle doyt estre alleguee, et ses passages et remuement de fesses, attendans le rapport a venir. Puis quand tous les Veneurs seront arriuez, ilz feront leur rapport, et presenteront leurs fumees au Roy, ou au Seigneur a qui ilz seront, les vns apres les autres, en racomptant chascun de ce qu'il aura veu. Les ayant escoutez, et veu les fumees, il pourra choisir le Cerf qu'il voudra courir, et qui sera en la plus belle meute. Et dira a celuy qui l'aura destourné, qu'il veut aller a sa brisee, puis s'en iront tous boire.

I'AY mis cy deuant comme il faut faire le rapport, n'ayant veu du Cerf que par pied, ou par les portees, et autres cognoissances, et comme il faut parler entre les maistres. Mais d'autant qu'il se trouuent aucunes-fois quelques Veneurs fauorisez de leurs maistres, lesquelz vont chercher les grandz vieux Cerfz, se leuans matin pour les veoir a la taille, ie leur ay bien voulu icy descripre le rapport tel que le voudrois faire deuant le Roy, suppliant les maistres d'excuser les fautes.

Comme il faut faire son rapport, ayant veu le Cerf a veue, en la haute saison.

CHAP. 35.

DEVANT le Roy viens pour mon rapport faire,
Le saluant, vn chascun se doyt taire:
Lors de ma trompe ie tire mes fumees,
Sur vertes fueilles les luy ay presentees:

Sire, voila

SIre, voila d'vn beau Cerf de dix cors,
Que ie mescroy destourné en telz fortz :
Quand les aurez par tout bien regardees
Les trouuerrez longues, oinctes, formees,
Grosses, nouees, n'ayans aucun piquon,
Mais bien moulues, monstrans sa venaison.

Et s'il s'enquiert lors quelle teste il porte,
Tout froidement respons luy en la sorte.

Sire, ainsi comme alloys faisant ma queste,
Mon Chien au vent se rabat d'vne beste:
L'ay tins de court, & de pres l'ay suiuy :
I'ay apperceu le Cerf au viandy,
Ayant la teste haute, ouuerte & paumee,
Et en tous pairs me semble bien sommee.
Il est Cerf brun, portant dix & huyt cors,
Fort haut sur iambe, & assez long de corps,
Le mesrain gros, par bon ordre obseruee,
Grand tour de meule, & pres du test perlee,
D'vn beau teint noir me semble estre brunie :
Et pour tout signe, ell' est fort bien nourrie.
Apres l'auoir de mon œil bien choisy
Me retiray, attendant son ressuy.
Puis quand i'ay veu qu'il estoit pres de l'heure
Qu'il fust au lieu ou il fait sa demeure,
Prens les deuantz pour l'aller rembuscher :
Mon Chien au vent cuyde son traict casser.

Entrant au fort ha ietté ses fumees,
Que i'ay leué, y mettant mes brisees,
Par les chemins prens enceincte es deuantz,
Ou i'ay trouué maintz autres Cerfz passantz,
Ieunes & vieux reuoy de toute sorte,
Mais quant au mien ne trouue point qu'il sorte.
Puis s'il s'enquiert quel pied de Cerf c'estoit:
C'est vn pied long, si l'oeil ne me decoit,
La pince grosse, & les os gros & courtz,
La iambe large, ongle fermé tousiours,
Fort bas ioincté, & le pied gros & creux,
Cerf bien courable, & deuant tous Veneurs.

Des motz & termes de Venerie que doyt entendre le Veneur pour faire ses rapportz, & pour parler deuant les bons maistres.

CHAP. 37.

I'AY bien voulu declairer icy les motz et termes de Venerie, et comme vn ieune Veneur doyt parler entre les bons maistres. Premierement, faut qu'il soit posé, et moderé en parolles, car tous Veneurs estans curieux du plaisir de leur estat, sont volontiers sobres de la bouche. Mais auiourd'huy ilz prenent plus de plaisir aux bouteilles qu'a leur mestier. Si d'auanture il aduenoit qu'vn ieune Veneur se trouuast auec les maistres et qu'ilz luy demãdassent cõme se doyuent appeller les fiantes des Cerfz, Rangiers, Cheureulx, et Dains, lors doyt respondre, qu'elles se doyuent nommer fumees, et que de toutes bestes viuantes de broust, elles se doyuent ainsi nommer. Mais celles des bestes mordantes, comme Sangliers, Ours, et leurs semblables, se doyuent nommer lesses. Et celles des Lieures et Connilz, se nomment crottes. Celles des autres bestes puantes, comme Taissons, Regnardz, fiante. Celles de la Loutre se doyuent nommer espraintes. Apres si on luy demande comme se doyt nommer le manger du Cerf, en termes de Venerie, et des autres bestes a luy semblables, doyt dire qu'il se nomme viandy, comme disant : Voicy ou le Cerf ou Cheureul ha fait son viandy. Et des Sangliers et autres bestes mordantes, il faut dire mangeures, comme disant : Voicy ou le Sanglier ha fait ses mangeures.

Il y ha aussi difference entre les piedz des bestes mordantes, et ceux des Cerfz : car ceux des Ours et Sangliers se doyuent nommer traces, mais ceux des Cerfz, Cheureulx, Dains, et Rangiers, se doyuent nommer piedz ou foyes, tous les deux sont bien ditz. Aussi faut sçauoir qu'il y ha difference entre gaignages et tailles. Les gaignages se prenent pour champs et iardins, là ou sont semez les bledz, et potages. Et si vn Cerf faisoyt sa nuict dedans les champs, le Veneur doyt dire qu'il ha fait son viandy dedans les gaignages: et s'il fait sa nuict dedans les tailles, il pourra dire qu'il ha fait son viandy dedans la taille.

Le ieune Veneur doyt aussi entendre qu'il y ha difference entre routes, et voyes, car les voyes s'entendent pour les grans chemins, et les routes se prenent pour les petis sentiers, qui trauersent les fortz. Et quand le Veneur verra aller vn Cerf le long d'vn grand chemin, il doyt dire, que le Cerf va la voye: et s'il le veoit aller le long des petis sentiers, doyt dire que le Cerf va la route.

Il y ha aussi difference entre routes et erres, car (comme i'ay dit) routes sont petis sentiers, et erres sont les alleures par ou vne beste va, soit de bon, ou de vieux temps. Quand aux brisees, elles se peuuent nommer bacees ou brisees, lequel qu'on voudra. Il y ha maniere de les mettre, car il faut que le bout rompu soit mis par ou entre vne beste.

Quand le Veneur va lancer vn Cerf, Dain, ou Cheureul, et

autres ſemblables, il doyt parler a ſon Chien en criant, Voylecy, Vayauant, comme parlant en ſingulier, et a vn ſeul: mais aux Sangliers, Ours, et leurs ſemblables, doyt parler en plurier, comme a plusieurs, diſant, Veles-cy allez. Quand vn Cerf vient de viander es gaignages, il eſt volontiers mouillé de l'eſgail, et ne ſe veut pas mettre en ſon lict qu'il ne ſe ſoit seché a la chaleur du Soleil, et ſe couche communément ſur le ventre en quelque beau lieu au deſcouuert, ce lieu là ſe doyt nommer reſſuy, comme diſant, Voicy ou le Cerf ha fait ſon reſſuy.

Semblablement les lieux ou les Cerfz, Dains, Cheureulx, et leurs ſemblables ſe couchent pour demeurer le iour, ſe doyuent nommer lictz, repoſees, ou chambres: mais ceux des Sangliers et leurs ſemblables ſe nomment bauges.

Apres; ſi vn Veneur vient a faire ſon rapport, il doyt dire entierement ce qu'il ha veu. Et ſ'il n'auoit reueu du Cerf que par pied, et qu'on luy demande quel pied c'eſt, doyt confronter le pied tel qu'il eſt, comme diſant, C'eſt vn pied long ou rond, ayant telles cognoiſſances, auec tous autres bons ſignes qu'il y pourra auoir veu: ainſi pourra il faire des alleures et portees. Mais ſi d'auanture il voyoit le Cerf a veüe, ayant heu le loiſir de le choiſir, ſi on luy demande quel Cerf c'eſt, et qu'elle teſte il porte, pourra reſpondre, qu'il eſt de tel pelage, brun, ou fauue, et tel de corſage, ainſi qu'il aura veu, portant la teſte haute, ou baſſe, ou contrefaicte, comme elle ſera. Et ſi d'auanture elle eſtoit faux-marquee, comme ſ'il n'y auoit que ſix cors d'vn coſté, et ſept de l'autre, il doyt dire qu'il porte quatorze faux-marque, car le plus emporte le moins. Et ſ'il voyoit vne belle teſte haute, et groſſe de meſrain, les andoillers pres du teſt, et bien cheuillee ſçelon ſa hauteur, il pourra dire qu'il porte vne belle teſte, pour tous ſignes bien nee, et bien marquee en tous pairs: et ſçelon qu'elle ſera en la ſommité, pourra dire qu'il porte paumeure, trocheure, ou couronneure, et combien d'espois il portera a mont. Et par ainsi le Veneur fera son rapport scelon qu'il verra la forme ou la façon de la teste. Et si on luy demande s'il se montre vieux Cerf par la teste, et a quoy il le cognoist, pourra respondre, qu'il le cognoist aux meules, lesquelles sont larges, et fort pierreuses, pres du suc et test de la teste: et aussi aux andcillers qui sont gros, longs, et pres de la meule: et tous autres signes que i'ay declarez cy deuant. Les ergotz qui sont derriere le pied du Cerf, ou Cheureul, et leurs semblables, se nomment os, comme disant: Voicy ou le Cerf ou Cheureul ha donné des os en terre, les ergotz des Sangliers se doyuent nommer gardes.

Ie donneray icy intelligence au Veneur comme il doyt haut louer les Cerfz scelon les signes et iugementz qu'il pourra auoir veuz. Premierement, S'il veoit vn Cerf n'ayant gueres le pied ne les alleures bonnes, et qu'a le veoir il n'eust porté que sa troysiesme ou quatriesme teste, il le doyt juger Cerf de dix cors jeunement. Mais s'il en voyoit vn autre qui eust les signes plus grans, comme ayant porté sa cinquiesme, sixiesme, ou septiesme teste, il le pourra iuger Cerf de dix cors, sans plus, mais passé la septiesme, il le pourra iuger Cerf de dix cors, et autresfois les ha portez: et au plus haut qu'il puisse louer le Cerf, c'est de le nommer grand vieux Cerf. Et par ainsi le Veneur fera ses rapportz scelon les signes et iugementz qu'il verra. Il en pourra autant faire des Sangliers, car quand ilz laissent les compaignees, et qu'ilz demeurent tous seulx, ilz se doyuent nõmer Sangliers venans en leur tiers an. L'annee apres, ilz se doyuent nommer Sangliers en leur tiers an. L'autre annee apres, ilz se pourront nõmer Sangliers en leur quart an chassables. Et au plus haut qu'on le puisse louer, c'est grãd vieux Sãglier n'ayãt point de reffus. Si le Veneur voyoit vne trouppe de bestes faunes, il doit dire, i'ay veu vne harde de bestes: mais s'il voyoit vne trouppe de bestes noires, doit dire qu'il ha veu vne cõpaignie de bestes noires.

Comme il faut mettre les relays, & la maniere de relayer.

CHAP. 38.

IL FAUT mettre les relays selon les saisons, et couppes des tailles : car au temps d'Hyuer que les Cerfz ont la teste dure, ilz suyuent les grantz fortz : et au Printemps qu'ilz ont la teste molle et en sang, ilz suyuent les petites tailles, et les lieux les plus foibles qu'ilz peuuent trouuer, de peur de la heurter et blesser aux branches. Et pour ce il est requis y mettre des hommes qui soyent nourris a la Venerie, entendant bien leur mestier, et auec eux vn bon piqueur, monté sur vn bon courtaut, lequel piqueur doyt estre habillé legierement, ayant de bonnes bottes et bien hautes, sa trompe au col. Phebus dit qu'il doit estre vestu de vert pour le Cerf, et de

gris pour le Sanglier: cela ne sert pas de gueres, j'en remetz la couleur aux fantasies des hommes. Les piqueurs s'en doyuent aller au soir a la chambre de leur maistre, et s'ilz sont au Roy, faut qu'ilz aillent a la chambre du grand Veneur, ou de son Lieutenant, pour sçauoir lesquelz seront de la meute ou du relays, et auquel relays ilz doyuent aller, et les Chiens qu'ilz doyuent mener, qu'elles aydes et valetz de Chiens iront auec eux. Ceux du relays doyuent prendre vn petit bulletin pour leur souuenir du nom de leur relays: puis s'en retourneront a leur logis pour chercher vne guide, qui les y mene le lendemain. Apres faut qu'ilz regardent si leurs cheuaux sont bien ferrez, et bien en conche, en leur donnant de l'auoine a suffire. Ce fait, s'en iront coucher, pour se leuer le lendemain deux heures auant iour. Si c'est en Esté, faut qu'ilz facent abbreuer leurs cheuaux, et en Hyuer non: puis les faire bien repaistre, ce pendant que le valet de Chiens amenera le relays. La guide estant venue, ilz desieuneront et disneront tout ensemble, et au lieu de pistolet auront la bouteille, pleine de bon vin, a l'arçon de la selle. Et quand le iour commancera a paroistre, faut qu'ilz montent a Cheual, ayans auec eux leur guyde, relays, et tout leur equipage. S'ilz veulent enuoyer vn courtaut a vn autre relays, pourront dire a leur valet qui s'en aille auec vn de leurs compaignons a vn tel relays. Eux estans arriuez au lieu ou est assigne leur relays, ilz mettront les Chiens en quelque beau lieu, au pied d'vn arbre, deffendant au valet de Chiens de ne les descouppler qu'ilz ne luy commandent, et qu'il ne bouge de là, et qu'il ne face point de bruyt. Alors s'en doyuent aller a trois ou quatre cens pas de là, du costé ou sera la chasse, et escouter s'ilz orront rien, et pour veoir le Cerf, car le voyant là, ilz le iugeront plus tost mal mené, qu'ilz ne feront pas de le veoir auec le bruyt: par ce qu'vn Cerf mal mené baisse volontiers la teste quand il ne veoyt personne, en demonstrant son trauail, mais quand il veoyt l'homme, il la hausse, et fait de grands bondz, pour donner a cognoistre qu'il est fort et vigoureux. Le piqueur se doyt esloigner pour une autre raison, c'est que les pages et valetz, qui tienent les cheuaux, menent bruyt, en sorte qu'il ne pourroit pas ouyr la meute : aussi que les Cerfz oyent aucunes-fois le bruyt, ou bien ont le vent des Chiens, qui les feroit retourner, ou costoyer le relays. Qui est la cause pourquoy le piqueur se doyt tenir a l'escart, pour veoir et choisir le Cerf a son aise : et s'il passe a son relays, doyt bien regarder s'il est halé, et mal mené, et aussi s'il orra la chasse venir apres luy.

Il me semble pour bien prendre le Cerf a force, qu'on ne le deuroit point relayer qu'on ne vist les Chiens de la meute, alors lon verroit bien chasser, et auec ce, la force et vistesse des Chiens. Mais ie veoy qu'auiourd'huy on ne prend point le Cerf comme il merite, par ce qu'on ne donne pas le loisir aux Chiens de chasser, et n'y en ha que deux ou troys qui courent, d'autant qu'ilz se trouuent tant d'hommes a cheual, qui ne sçauent sonner, forhuer, ne piquer, lesquelz se meslent par-my les Chiens, les croisans, et rompans, tellement qu'il est impossible qu'ilz puissent courir ne chasser: a ceste cause ie dy que sont les cheuaux qui chassent, et non pas les Chiens Ie donneray icy le moyen au valet de Chiens de lascher le relays, quand le Cerf aura passé.

Le valet doyt mener ses Chiens hardez sur les voyes, et leur faire suyure troys ou quatre pas le droit, puis en doyt laisser aller vn, et s'il veoit qu'il dresse, pourra descoupler les autres, et sonner pour Chiens. Car s'il laissoit aller son relays de loing, il pourroit prendre le contrepied, qui seroit vne grande faute. Autrement si le Cerf estoit accompagné de quelques bestes, le piqueur qui sera au relays doyt piquer en teste, pour essayer a departir le Cerf, et s'il se depart, faut descoupler les Chiens sur les voyes. Et si le piqueur estoit au relays sur le bort d'vn estang, et que le Cerf y vint, il le doyt laisser baigner a son ayse, sans sonner mot : puis quand il sera sorty, faut que le valet s'en aille auec les Chiens la ou il sera sorty, et descouppler ses Chiens sur les voyes, comme dessus, la ou faut qu'il ne les abandonne iamais, sonnant apres eux, pour appeller de l'ayde, en brisant par tout ou il en verra: a fin que si ses Chiens prenoyent le change, et qu'ilz s'escartassent de leurs droictes voyes, de retourner a sa derniere brisee pour requester le Cerf. Phebus dit qu'il faut reprendre les Chiens qui vont de forlonge derriere, quand le Cerf aura passé le relays. Mais quand a moy ie ferois du contraire, pour autant que les Chiens de la meute, qui ont desia couru longuement, maintienent mieux leurs voyes, et ne prenent pas si tost le change, que feroyent des Chiens fraischement relayez. Il est bien vray que s'il y auoit quelques vieux Chiens qui vinsent derriere, balançans apres la meute, les piqueurs ou valetz de Chiens, qui seront demourez derriere, les pourront appeller apres eux, et les mener au deuant de la meute : ou bien s'il y auoit faute de relays, et qu'on vist que le Cerf s'en allast en quelque lieu, ou il n'y auroit gueres de change, et qu'il fust contraint de retourner sur ses pas, aussi qu'il y eust de bons Chiens deuant, qui le maintinsent, alors pourroit on prendre les derniers Chiens, et les garder pour son retour.

Si d'auanture il aduenoit que le piqueur, estant a son relays, vist passer vn Cerf de dix cors, et qu'il y eust apres le Cerf quatre ou cinq Chiens, et qu'il n'ouist les autres piqueurs, ne leur trompe, faut bien qu'il regarde si le Cerf est bale, et quelz Chiens sont qui le chassent : s'il voyoit que se fussent des bons Chiens de la meute, gardans mieux le change, le piqueur doyt sonner pour Chiens, tant qu'il pourra, pour appeller des aydes. Et si de fortune il ne venoit personne, il se doyt mettre apres les Chiens de la meute, et descouppler son relays, sonnant et huchant tousiours, en jettant des brisees par ou il passera, et sur les voyes du Cerf. Il faut bien que le piqueur soyt sage a telles choses, par ce qu'aucunes-fois il se peut lancer quelques autres Cerfz, d'effroy, au bruyt de la meute, et des piqueurs, qui pourroyent estre grans Cerfz, se montrans halez, et principalement quand ilz ont de la venaison. Mais s'il voyoit que les bons Chiens de la meute n'y fussent pas, et qu'il n'ouyt point la chasse, il ne doyt pas relayer, mais seulement regarder le pays qu'ilz prenent, et les briser au bout de sa veüe, a fin que s'il oyoit la meute en deffaut, de si en aller, et leur dire qu'il ha veu le Cerf qui ha passé a son relays, lequel est fauue, ou brun, ainsi qu'il voudra nommer, portant vne telle teste. Alors pourront iuger si c'est leur Cerf ou non, et le pourront aller requester, et reprendre leurs voyes a la brisee du piqueur.

Comme le Veneur doyt lancer le Cerf, & le donner aux Chiens.

CHAP. 39.

APRES que le Roy ou Seigneur aura ouy tous les rapportz, et que les relays seront bien aßis, les Veneurs et Chiens ayans repeu, celuy qui aura destourné le plus vieux Cerf, et en la plus belle meute, soubz le rapport duquel le Roy ou Seigneur voudra aller courir, doyt prendre son Limier, et s'en aller deuant a sa brisee, auec ses compaignons, et tous les piqueurs de la meute: lesquelz doyuent auoir chascun vne bonne houßine en la main, que Phebus nomme tortouere, pour tourner les branches en piquant par les fortz: laquelle ne doyt point estre pelee, que le Cerf n'ayt touché au boys, mais apres qu'il ha frayé, elle doyt estre pelee. Eux estans arriuez a la brisee, faut qu'ilz mettent pied a terre, pour veoir quel pied de Cerf c'est, quelles cognoissances, et autres iugementz qu'ilz pourront auoir par le pied, a fin de le recognoistre par-my le change. Puis quand le Roy sera arriué, et les Chiens de la meute, tous les piqueurs se doyuent vistement escarter au tour du buysson, pour veoir le Cerf, s'il est poßible, au partir du lancer, a fin de recognoistre le pelage, et la façon de la teste. Alors que le Veneur, qui l'aura destourné, verra tous ses compaignons aupres de luy, auec les Chiens de la meute, se doyt mettre deuant tous les autres, et frapper a route, car l'honneur luy appartient, et puis tous les autres apres luy, criant, Voylecy aller, Ve le cy, va auant, Ve le cy par les portees, Rotte, rotte, rotte, et autres termes requis a la chasse du Cerf. Et faut entendre deux secretz, dont l'vn est, que les Veneurs ne doyuent pas trop faire eschauffer leurs Chiens a la brisee, par ce que leur chaleur les transporteroit hors des erres, et ne suyuroient pas le droit. L'autre secret est que les Chiens de la meute doyuent suyure les routes par ou va le Cerf, et les Limiers: mais ilz ne doyuent point approcher plus pres des Limiers ne des Veneurs, que de soixante pas, de peur que si le Cerf auoyt fait quelques ruzes et hourvariz dedans le fort, qu'ilz ne rompissent les erres, que les Limiers n'eussent l'espace de retourner pour les desmester, et redresser : par ce que bien souuent Cerfz malicieux, quand ilz se veulent mettre a la reposee, font volontiers des ruzes. Et si les Chiens de la meute estoyent si pres des Limiers, ilz romproyent les erres et voyes, qui seroit cause que le Veneur ne les pourroit redresser. Et s'il aduenoit que le Limier, en faisant sa suyte, fouruoyast les droictes erres, il faut que le Veneur le retire, en disant, Hourua, hourua, et qu'il retourne chercher son droit. Puis s'il veoit que son Chien redresse ses erres, doyt incontinent le Veneur mettre le genouil en terre, pour en reueoir par pied, par les portees, ou autres cognoissances. Et s'il en reueoit, et qu'il cognoisse que ce soit son droit, doyt crier et hucher fort haut, Voylecy aller, Il dit vray, Voylecy aller le Cerf, Rotte valet, rotte, rotte : et jetter vne brisee en ce lieu là, tant pour les Veneurs, qui viennent apres luy, que pour monstrer a ceux qui amenent les Chiens de la meute, que le Cerf va là. Et si les Chiens de la meute estoyent trop loing de luy, il doyt crier : Approche les Chiens, ou bien sonner deux motz de la trompe, en faisant des brisees hautes et basses par tout ou il en verra : a fin que s'il perdoit les voyes ou erres, qu'il vint rechercher sa derniere brisee. Puis s'il veoit que son Chien renouuelle les voyes, et qu'il commance a approcher pres du Cerf, il le doyt tenir plus de court qu'au parauant, de peur que s'il le lançoit d'effroy, que son Chien ne le transportast au vent sur les erres, de sorte qu'il n'en peust veoir la reposee, pour en auoir certain iugement par icelle, ou par les foulees. Mais si d'auanture il oyoit lancer le Cerf, ou qu'il trouuast le lict ou reposee, il ne doyt pas sonner si tost pour Chiens, mais crier seulement troys fois, Gare gare, Gare gare, Gare gare, et faire suyure son Chien iusques a ce qu'il en puisse reueoir a son aise, pour en auoir iugement certain par les suytes, premier que de forbuer. Et si en suyuant il trouuoit ses fumees, doyt bien regarder

regarder si elles sont semblables a celles qu'il aura apportees au matin a l'assemblee : combien qu'aucunes-fois elles se peuuent mes-iuger en deux manieres, ce qui n'aduient pas souuent, si ce n'est au changement des viandis. Il est bien vray que les fumees du releué du soir ne sont semblables a celles du matin, que le Cerf se retire au fort pour se mettre a la reposee, par ce que celles du releué sont plus pressees, plus moulues, et mieux digerees que celles du matin : la raison est, qu'il ha reposé et dormi tout le iour, qui est cause de la digestion. Et au contraire, celles du matin ne sont si bien digerees ne moulues, par ce que toute la nuict il n'ha fait que courir et trauailler pour chercher a viander, et n'ha pas heu le repos, ne le loisir de digerer ne moudre son viandy : toutes-fois qu'elles se doyuent ressembler de forme, si le viandy ne les fait mes-iuger, comme i'ay dit. Autrement si le Veneur trouuoit la reposee du Cerf, il doyt mettre sa face dedans, ou le doulx de sa main, pour sentir si elle est chaude. Aussi le pourra cognoistre a son Chien qui s'esforcera et doublera sa voix : tous ces signes donneront a entendre qu'il est lancé, et debout.

Il y ha des Cerfz qui sont si malicieux, qu'au partir de leur lict ne font que tournoyer pour chercher le change, ou bien ont quelque Brocquard auec eux, qui est la cause que le Veneur ne doyt pas sonner pour Chiens au partir de la reposee, mais seulement crier, Gare, gare, approche les Chiens, et faire suyure son Limier sur les erres, enuiron de cinquante pas. Mais quand il verra que le Cerf commancera a dresser par les fuytes, lors qu'il en aura cognoissance certaine, pourra sonner pour Chiens, en criant, Tya hillaud, faisant suyure son Limier tousiours sur les erres et fuytes, criant et sonnant iusques a ce que les Chiens de la meute soyent arriuez a luy, et qu'il verra qu'ilz commanceront a dresser. Et se doyt incontinent mesler parmy eux auecques son Limier, pour les resiouyr et eschauffer.

Puis quand il verra qu'ilz seront bien ameutez, courans bien le droit, pourra sortir du fort, donnant son Chien a son valet, et monter a Cheual, s'en allant tousiours au dessoubz du vent, coustoyant la meute, pour leuer les deffaux. Mais s'il aduenoit que le Cerf, en tournoyant sur sa meute par-my son fort, eust donné le change, ilz doyuent tous menacer et rompre les Chiens, puis les recoupler, en retournant prendre les dernieres erres, ou bien chercher la reposee, et frapper a route iusques a ce qu'ilz ayent relancé leur Cerf: car Cerfz malicieux volontiers se iettent sur le ventre, et attendent que les Limiers soyent sur eux premier que departir.

Les ruzes & secretz que doyuent scauoir les piqueurs pour prendre le Cerf a force.

CHAP. 40.

APRES auoir donné l'intelligence aux Veneurs des iugementz et cognoissances du Cerf, et comme ilz se doyuent gouuerner en leur estat : i'ay semblablement voulu donner a entendre aux piqueurs, le moyen de prendre le Cerf a force, tant par le dire des bons et anciens Veneurs, que comme par experience i'aurois peu cognoistre. Et par ce qu'auiourd'huy il y ha tant d'hommes portans la trompe, de laquelle ilz ne se sçauent ayder, faisant plus de tort aux Chiens que de plaisir, d'autant qu'ilz nayment et n'entendent le mestier, et aussi que ie veoy les Princes et Seigneurs qui n'y prenent pas grand plaisir, ayans les yeux bandez des richesses mondaines, pensans par icelles rendre leur nom et corps immortelz, qui est la perte de l'ame, et abbreuiation de la vie, principal bien du corps (aussi ne les veoit on plus viure et regner si longuement ne de tel plaisir qu'ilz faisoyent anciennement du temps qu'on entendoit resonner les trompes par les forestz, auec nombre de bouteilles et flaccons) il me sembloit chose vaine et inutile declarer ces matieres icy, n'eust esté l'esperance que i'ay aux adolescens, qui me cause mettre par escript et articuler tous les secretz de la Venerie.

Premierement, il faut que les piqueurs sachent qu'il y ha difference de parler aux Chiens entre la chasse du Cerf, et celle du Sanglier : par ce que le Cerf fuyt et s'eslongne d'eux quand ilz le chassent, ne se fiant qu'en ses iambes, et ne se deffend iamais s'il n'est forcé, a ceste cause faut parler aux Chiens en hautains et resiouyssans cris, tant de la bouche que de la trompe. Mais aux Sangliers et autres bestes mordantes, il faut faire le contraire, d'autant que ce sont bestes pesantes, qui ne peuuent fuyr ne s'esloigner des Chiens, se fians en leurs dentz et deffenses. A telz animaux il est requis de parler aux Chiens en crys et sons de trompes rudes et furieux, a fin de les faire incontinent fuyr. Et se faut tenir tousiours pres des Chiens, menant grand bruyt, de peur qu'ilz les tuent ou blessent. Quant aux Cerfz et autres bestes legeres, les piqueurs doyuēt tousiours suyure les Chiens par la menee ou ilz vont, sans s'escarter ne croiser, de peur de lancer le change, et pour releuer les deffaux, n'approchant de la meute de plus pres que de cinquante pas, principalement au partir du descouple, et des Chiens fraischement relayez : car si le Cerf faisoit des ruzes ou hourvaris, et que les piqueurs pressassent les Chiens, ilz romproyent les erres ou voyes du Cerf, et feroyent outrepasser les Chiens, qui seroit vne grand' faute. Mais si les piqueurs voyoient que le Cerf eust couru vne heure ou plus, et qu'il dressast, en s'esloignant de sa meute, pour se forpaiser, les Chiens estans bien ameutez sur les erres, alors pourront approcher de plus pres qu'auparauant, en sonnant de la trompe trois motz a chascune fois. Plus, faut entendre que quand le Cerf se veoit chassé des Chiens, il se deffait d'eux, et leur donne le change en plusieurs manieres, car il va chercher les bestes a leurs reposees, et les boute et fait valoir deuant eux, puis se iette sur le ventre en leur lict, et laisse passer les Chiens outre, lesquelz n'en peuuent auoir le vent ne sentiment, a cause qu'il met les quatre piedz soubz son ventre, et aspire son haleine en la fraischeur et humidité de la terre : tellement que i'ay veu plusieurs-fois les Chiens passer a vn pas pres de luy, sans en auoir le vent, ne le sentir aucunement. Et ha ceste malice de nature qu'il cognoist que les Chiens ont plus grand sentiment de son haleine, et de ses piedz, qu'ilz n'ont du reste de son corps. Et estant ainsi, il attendra les piqueurs a faire marcher les cheuaux sur luy premier que de partir. Qui est la raison pourquoy ilz doyuent tousiours briser aux entrees des fortz, par ou le Cerf passera, a fin que s'il donnoit le change, de retourner incontinent chercher ses dernieres erres et brisees, par-ce qu'ilz ne pourront faillir de le relancer, en retournant la auec le Limier, ou auec les vieux Chiens sages de la meute, ausquelz ilz se doyuent fier. Car volontiers Chiens bien dressez, et qui gardent le change, si le Cerf se lance et boute deuant eux, ilz ne sonneront mot: mais s'il y auoyt quelques ieunes Chiens folz, ilz efforceront leurs voix, et renouuelleront le change. Il faut bien qu'en telles choses les piqueurs soyent sages, et qu'ilz ne s'arrestent point aux ieunes Chiens, s'ilz n'entendent les vieux par-my eux. Et s'ilz sont deux piqueurs ensemble, l'vn les doyt aller menacer et rompre, l'autre les doyt appeller au lieu ou s'est fait le deffault, et fouler fort, en les appellant et resiouyssant iusques a ce qu'il ayt relancé son Cerf. Et s'il ouyoit quelqu'vn de ses vieux Chiens sages qui sonnast, faut qu'il aille a luy, et mettre l'œil a terre, pour reueoir si c'est son Cerf. S'il cognoist que ce soit luy, faut qu'il sonne trois motz de sa trompe, en criant et nommant le Chien, Voylecy aller, Il dit vray, Voylecy aller le Cerf. Les autres piqueurs doyuēt menacer les Chiens, et les faire aller a luy. Et a ceste heure la pourront renouueller les erres ou le relancer. Plus: le Cerf donne le change en vne autre maniere, car soudain qu'il veoyt que les Chiens le chassent, et qu'il ne se peut deffaire d'eux, il va de fort en fort chercher les bestes, et les met debout, s'accompaignant auec elles, et les emmene et fait fuyr auec luy, sans les vouloir laisser, aucunes-fois l'espace d'vne heure ou plus, puis s'il se veoit suiuy et mal mené, il les abandonnera, et fera sa ruze volontiers en quelque grand chemin ou ruysseau, lesquels il suyura longuement, tant qu'il aura la force. Puis quand il se verra esloigné et forlongé des Chiens, fera de grandes ruzes pour se deffaire d'eux, se iettant sur le ventre en quelque lieu sur la terre, ou bien en l'eau, cachant ses piedz soubz luy, en aspirant et prenant son haleine contre la terre, comme i'ay dit cy dessus: si c'est en l'eau, il aspirera semblablement en icelle, tellement que de tout son corps ne paroistra seulement que le bout du nez, en sorte que les Chiens passeront sur luy auant qu'en auoir sentiment.

Quand les piqueurs verront toutes ces choses, ilz doyuent regarder, quand le Cerf sera accompaigné, et qu'il fuyra auec des bestes, aux bons Chiens de la meute, et plus seurs par le change, lesquelz chasseront en crainte, ce que les ieunes ne feront pas, et ne se doyuent amuser a eux, mais bien aux vieux, ausquelz ilz se doyuent tousiours fier, en les faisant chasser en crainte, se tenans pres d'eux pour leur secourir et ayder, ayans la main pleine de brisees, lesquelles ilz doyuent ietter en terre par tout ou ilz verront du Cerf. Et si de fortune les Chiens tombent en deffaut, ou bien qu'ilz vissent qu'ilz se departissent en deux ou troys meutes, ilz pourront presumer en eux-mesmes que le change se separe, et que le Cerf l'abbandonne. Alors s'ilz voyoient quelques vns des ieunes Chiens folz qui dressassent, et que les vieux sages n'y fussent point, ilz ne s'y doyuent pas fier, mais faut qu'ilz regardent en quel lieu les bons et seurs dresseront, et aller a eux, mettant l'œil en terre. Et s'ilz cognoissent que ce soit leur droit qui soit separé du change, faut qu'ilz iettent leurs brisees en sonnant de la trompe, en criant, Voylecy fuyant, Il dit vray, en nommant les Chiens qui dresseront, et ameuter a eux. Plus, faut entendre que les Chiens ne courent pas si bien dedans les chemins, et n'y ont pas si grand sentiment comme ilz ont ailleurs, pour beaucoup de raisons : qui sont, que dedans les voyes et chemins toutes especes d'animaux y passent incessamment, qui mettent la terre en poudre auec les piedz, de telle sorte que si les Chiens y mettent les nazeaux pour assentir, la poudre entre dedans, qui les estouppe, et oste le sentiment, et aussi la vehemente chaleur du Soleil qui donne incessamment dessus, oste l'humidité et fraischeur, desechant la poudre, de telle sorte, que là ou le Cerf passe, la poudre coule, et couure soudainement la marche du pied là ou touche l'ongle, qui est tout le sentiment que les Chiens peuuent auoir dedans les voyes et chemins, d'autant qu'il n'y ha ne boys ni herbes ou le Cerf puisse touther des iambes ne du corps, et y ha tant d'autres raisons, que ie laisse a cause de bresueté, qui empesche le sentiment des Chiens es chemins. En telz lieux les Cerfz ont la malice de faire leurs ruzes et hourvariz, ou bien suyuent longuement ces grans chemins pour se deffaire des Chiens, ayans ceste finesse et cognoissance donnee de nature, qu'ilz pensent que les Chiens n'ayent pas là si grand sentiment qu'ailleurs. Par la pouuons cognoistre que nature donne a chascun cognoissance de son contraire, et se sauuer.

Quand les piqueurs se trouuerront a telz endroitz en deffaut, doyuent mettre l'œil en terre pour veoir si le Cerf ha point fait de ruzes et hourvariz. Et si d'auanture ilz voyoient qu'il fust allé et venu sur luy, ilz doyuent crier a leurs Chiens, Voylecy hourvary, et deffaire la ruze a l'œil, et leur ayder tousiours iusques a ce qu'ilz ayent trouué la sortie des erres par ou il entre dedans le fort, en les faisant requester par les costez des voyes et chemins, et non par le dedans, car il y auront beaucoup plus de sentiment, et ne le sur-alleront pas si tost qu'ilz feroyent dedans les chemins, par ce qu'il y ha des herbes, des boys, et autres choses qui gardent la fraischeur et humidité de la terre, et aussi que le Cerf y touche des iambes et du corps, tellement que les Chiens en peuuent auoir plus grand sentiment. Et faut que les piqueurs jettent des brisees par tout ou ilz en verront, faisant requester leurs Chiens, en les resiouyssant, et secourant le mieux qu'ilz pourront. Et si quelqu'vn des Chiens droisse, doyuent aller a luy et regarder que c'est : puis s'ilz veoyent que ce soit le droit, ilz sonneront et ameuteront les autres, en nommant le Chien, ha Cleraud, ou ha Mirault, comme i'ay dit cy dessus.

Aussi il aduient aucunes-fois que les Cerfz passent au trauers des brulis, la ou les Chiens n'en peuuent auoir sentiment, par ce que la senteur du feu est plus grande que celle du Cerf, en telz endroitz les piqueurs doyuẽt regarder quand le Cerf entre dedans, de quel costé il ha la teste tournee, et pousser tousiours leurs Chiens outre, sans s'arrester, puis quand ilz seront passez outre les brulis, faut qu'ilz facent requester leurs Chiens, en parlant a eux, et n'est possible qu'ilz ne les redressent ainsi, ou bien en prenant leurs cernes au tour, par les fraischeurs. Plus s'il aduient qu'vn Cerf se sorpaisast dedans les campagnes, et que ce fust entre le midy, et les troys heures, si les piqueurs voyoient que les Chiens fussent hors d'haleine, ilz ne les doyuent pas presser, mais les resiouyr seulement le plus qu'ilz pourront. Et s'ilz voyoient que les bons ne sonnassent et n'appellassent point sur les erres, et qu'ilz ne fissent seulement que branler la queuë, ilz ne s'en doyuent pas estonner, car ilz pourroyent faire cela a cause de la grand' chaleur, ou bien seroyent hors d'haleine. Pour telle chose ne doyuent laisser a les suyure tant qu'ilz pourront aller, sans les presser, comme i'ay dit : puis s'ilz cognoissent que les Chiens ne puissent plus aller, faut qu'ilz jettent vne brisee aux dernieres erres qu'ilz auront veues, et mener les Chiens refraischir en quelque village, en leur donnant du pain et de l'eau : ou bien se mettre soubz quelque arbre attendant la grand' chaleur a passer, et sonner de la trompe par fois, pour appeller les valetz de Limiers, et autres aydes. Puis quand ilz verront qu'il sera sur les trois heures, doyuent aller a leur brisee reprendre leurs dernieres voyes ou erres. Et s'il y ha vn valet de Limier auec eux, faut qu'il se mette deuant auec son Chien, en le resiouyssant et parlant a luy, sans auoir crainte de le faire sonner et appeller sur les erres, car les autres Chiens de la meute l'oyans sonner et appeller, pourront redresser leurs deffaux. Ainsi doyuent ilz aller tretous requestans et pourchassans iusques a ce qu'ilz l'ayent relancé. Il faut encores entendre qu'alors que le Cerf est las et mal mené, son dernier refuge est a l'eau, et descend communément plus tost a val le cours des riuieres, qu'il ne monte en contremont, et principalement si le cours en est roide. Aussi qu'il ha bien ceste cognoissance, que les Chiens auroyent plus grand sentiment de luy en montant contre l'eau, qu'ilz n'auroyent pas en descendant, d'autant que le cours leur emporteroit tousiours la senteur, et aussi qu'il trauaille beaucoup plus a nager contre l'eau qu'il ne fait pas de descendre a val. Et deuez sçauoir que si vn Cerf ha couru longuement, et qu'il vienne a rencontrer vne riuiere, il se mettra dedans, nageant par le milieu d'icelle, et se donnera garde le plus qu'il pourra de toucher aux branches, ou autres choses, qui seront des deux costez de l'eau, de peur que les Chiens y prenent sentiment de luy : suyuant longuement la riuiere sans sortir de dedans, s'il ne trouue quelque tronce de boys au trauers, ou autre chose, qui l'empesche de passer, alors il est contraint d'en sortir. Il faut qu'en telz lieux les piqueurs y soyent sages, et qu'ilz iettent vne brisee a l'entree de l'eau, regardant de quel costé le Cerf aura la teste tournee : ce qu'ilz pourront cognoistre et veoir par les fuytes, ou a leurs Chiens, lesquelz ilz doyuent faire entrer et nager en l'eau, qui en pourront prendre sentiment aux ioncz et herbes qui seront dedans, ou bien eux-mesmes le pourront cognoistre aux lieux les plus sommes de la riuiere ou le Cerf auroit passé, qui pourroit auoir troublé l'eau en passant, ou tourné les herbes et autres choses. Lors qu'ilz auront certains iugementz de quelle part de la riuiere le Cerf va, ilz doyuent appeller leurs Chiens hors d'icelle, de peur qu'ilz se gastent et refroidissent : et s'ilz sont trois piqueurs ensemble, deux se doyuent mettre aux deux costez de la riuiere, l'autre s'en doyt aller gaigner le deuant au long du costé que le Cerf aura la teste tournee, pour veoir s'il le verra nageant, ou autrement. Les deux qui seront demourez aux costez de la riuiere, doyuent faire requester leurs Chiens de chascun son costé, et assez loing de l'eau, car ilz auront plus grand sentiment a vingt ou a trente pas pres, qu'ilz n'auroyent pas sur le bord d'icelle. La raison est, quand le Cerf sort de l'eau il en est tout couuert et chargé, par ce que le poil qui est creux se remplist d'eau, et alors qu'il sort, il se secouë volontiers, et la fait tomber le long des iambes en la forme du pied, tellement que les erres sont si elauees et moüillees que les Chiens n'en pourroyent auoir aucun sentiment. Mais a dix ou douze pas loing du bord, ilz en pourront reprendre et assentir plus aisément, par ce que l'eau sera tombee. Toutes-fois les piqueurs se doyuent tousiours tenir pres de la riuiere, car aucunes-fois le Cerf se cache tout dedans l'eau, comme i'ay dit cy dessus, et pourroit souuent demeurer en quelque brosse de ioncs ou de saules, de telle sorte qu'ilz le laisseroyent derriere eux, et quand ilz seroyent outre-passez, il pourroit sortir de l'eau, et s'en retourner sur les erres par ou il seroit venu: car communément il ha ceste malice de laisser passer les Chiens et piqueurs, puis quand il les veoit passez, se desrobbe d'eux, et s'en retourne par ou il est venu. Mais telles choses n'arriuent pas souuent, si ce n'estoit que les riuieres fussent couuertes de boys, et pres des forestz. A ceste cause il est requis qu'il y ayt quelqu'un des piqueurs ayant tousiours l'œil en l'eau, et que les autres facent requester leurs Chiens a douze pas pres, et faut qu'ilz aillent tous ensemble ainsi tout du long, iusques a ce qu'ilz ayent trouué la sortie, et comme i'ay dit cy dessus, s'ilz trouuent quelque tronce de boys ou escluse de moulin, doyuent bien regarder aux boutz: car communément les Cerfz saillent plus tost en telz endroitz qu'ailleurs, et principalement quand ilz se forpaisent, d'autant qu'ilz suyuent plus longuement les eaux, se voyans forpaïsez, qu'autrement: aussi qu'ilz n'ont plus de fiance en leurs iambes ne de fortz pour leur cacher, dont alors sont contraintz de suyure les eaux. Plus, faut entendre qu'il y ha deux manieres de ventz, que nous appellons Galerne et Hautain, autrement nommez vent de Nort, et de Midy lesquelz le Cerf craint grandement, car quand il sort des forestz et qu'il se fortpaise par les campagnes, si l'vn d'iceux ventz regne, il ne fuyt iamais la teste tournee dedans, mais fait au contraire, car il luy tourne le cul, et fuyt a val. Ce qu'il fait pour beaucoup de raisons, dont la premiere est, que le vent de Galerne est arre et froid, desechant grandement, et celuy d'Hautain est chaut et corrompu, pour ce qu'ilz passe soubz la region du Soleil, lequel le putrefie et corrompt a cause de sa chaleur. Et si d'auanture le Cerf fuyoit la gueule dedans l'vn d'iceux ventz, il l'altereroit, et luy desecheroit grandement la gueule, et la langue: et außi que ces ventz sont communément grandz et tempestueux: et s'il fuyoit la teste dedans, ses cors feroyent voile, qui luy porteroit grand' nuyssance a courir. Et le fait encores pour vne autre raison, c'est qu'il ha bien cognoissance que s'il fuyoit dedans le vent, les Chiens auroyent le sentiment de luy sans mettre le nez a terre, et außi qu'il veut auoir tousiours l'ouyr de la voix des Chiens. Combien que Phebus die que les Cerfz fuyent communément a val tous les ventz, si est-ce que i'ay veu le contraire par experience, principalement quand le vent de Mer regne, lequel est humide, ilz vont plus tost le nez dedans, qu'autrement. Mais quant au vent de Galerne et Hautain, que i'ay mentionnez cy dessus, il est certain qu'ilz sont crains et redoutez des Cerfz, et de tous autres animaux, mesmes des Chiens, lesquelz ne veulent chasser quand ilz regnent. Outre, faut entendre que le Cerf se forpaïse pour beaucoup de raisons, principalement en Auril et en May, qu'il ha la teste molle, et en sang: par-ce que si les Chiens le chassent, il n'ose fuyr par les fortz, de peur de heurter et blesser sa teste aux branches, alors est contraint d'en sortir, et fuyr au pays cler pour s'esloigner d'eux et faire ses ruzes: ou bien le Cerf abandonne les fortz pour vne autre raison, laquelle est, qu'alors qu'il fuyt dedans le fort il se trauaille et lasse a brosser le boys, ne se pouuant esloigner des Chiens, ne faire ses ruzes, d'autant qu'ilz ont plus d'auantage a courir par dessoubz le boys, que n'ha pas le Cerf a saillir, ou a brosser au trauers : a ceste cause il est contraint de sortir aux fustayes, ou pays cler, là ou il faut que les piqueurs soyent bien sages car il donnera plus tost le change en pays foible que fort : par ce que les Chiens ont l'espace de leur eslargir, et escarter d'vn costé et d'autre, en courant de grande chaleur et vistesse : et alors pourroyent outrepasser les routes, s'ilz estoyent pressez des piqueurs, ou bien bouteroyent le change, ce qu'ilz ne feroyent pas si aysément dedans les fortz, par ce qu'ilz suyuent tousiours la route et menee par ou le Cerf va, et ne se peuuent escarter d'vn costé ne d'autre, car ilz ont peur de perdre les erres par ou le Cerf fuyt. Qui est la cause pourquoy on se doyt plus tost donner garde du change dedans les fustayes, que dedans les tailles, d'autant que les Chiens le font valoir, et le transportent plus tost en telz lieux qu'aux fortz : aussi que le Cerf s'esloigne et fuyt mieux dedans les fustayes, et ha plus grand loysir de chercher le change, et faire ses ruzes et hournariz, que non pas au fort pays. Le Cerf se forpaise encores en vne autre maniere, c'est quand il se veoit pourchassé et pressé des Chiens, et qu'il cognoist que rien ne luy vaut, a l'heure il s'estonne, et pert son esprit, ne sachant plus ou il doyt aller : alors entreprent les campagnes, passant par les villages et autres lieux. En telle chose les piqueurs se doyuent approcher pres de leurs Chiens, et s'ilz les veoyent tomber en deffaut, ne doyuent iamais retourner en arriere pour le deffaire, mais pousser tousiours les Chiens outre : car iamais Cerf mal mené, qui se forpaise, ne fait de hournary sur luy, mais passe tousiours outre tant qu'il aura force, si ce n'estoit qu'il eust le vent de quelque eau, alors se pourroit destourner pour y aller, autrement non. Il est bien vray que s'il entreprenoit les campagnes, pour les raisons cy dessus mentionnees, sans estre mal mené, il pourroit faire des ruzes et hournariz:

uaris : mais s'il estoit mal mené, non : si ce n'estoyt qu'il se voulust ietter sur le ventre, alors pourroit faire quelque petite ruze pour demourer.

Plus, il faut entendre qu'il y ha grande difference de deffaire les ruzes entre les forestz, et les campagnes, parce que dedãs les forestz il faut faire les cernes plus pres de la menee ou le Cerf aura fait sa ruze, et les plus estroitz qu'on pourra : d'autant que si les piqueurs prenoyent les cernes grãs et larges, ilz pourroyent trouuer du change, lequel se feroit valoir deuant les Chiens, qui leur seroit vn grand ennuy. Mais aux campagnes, ilz peuuent prendre leurs cernes grans et larges, sans auoir crainte du change, par les fraischeurs et lieux plus commodes pour eux, et ou les Chiens en pourront auoir plus grand sentiment : par-ce que dedans les gueretz, et lieux secz et arides, les Chiens ne cuyderont pas redresser, a cause de la poudre qui est dedans, laquelle leur entreroit es nazeaux, et de la chaleur du Soleil, qui auroit desechè et ostè l'humiditè de la terre : aussi qu'il n'y ha herbe ne autre chose ou le Cerf eust touchè, par ou les Chiens en peussent auoir sentiment. Qui est la cause pourquoy les piqueurs doyuent prendre leurs cernes par le pays le plus fraiz, et le plus couuert, ou la terre auroit gardè sa fraischeur. Et s'ilz ne le pouuoyent redresser au premier cerne, ilz en doyuent faire vn autre plus grand, et s'ilz ne le trouuoyent sorty ne de l'vn ne de l'autre, ilz pourront presumer qu'il sera demeurè en leur enceincte, ou bien qu'il aura fait vn bouruary sur luy. A l'heure doyuent ramener leurs Chiens au commancement de leur deffaut, et les mettre sur la menee et erres par ou ilz sont venuz, les faisant requester, en parlant a eux, et les resiouyssant, tant de la bouche que de la trompe, mettant pied a terre pour leur ayder et secourir. Et n'est possible qu'ilz ne relancent le Cerf en leur enceincte, ou qu'ilz ne le trouuent passè outre, si ce n'estoit par vne trop vehemente chaleur, qui pourroit garder les Chiens de chasser. D'auantage, faut entendre que si le Cerf est deuant les Chiens, les deux premieres ruzes qu'il fait au partir de la reposee, doyuent donner a cognoistre aux piqueurs toutes les autres ruzes qu'il fera tout le iour: car s'il fait les deux premieres ruzes en vn chemin ou en l'eau, toutes les autres qu'il fera tout le iour seront en mesmes lieux. Et faut biẽ que les piqueurs regardẽt sur quelle main il en sort, car du costé qu'il en sera sorty les deux premieres fois, toutes les sorties qu'il fera tout le iour apres seront sur la mesme main, soit a dextre ou a senestre. Parquoy faut que les piqueurs y regardent, a fin de faire requester leurs Chiẽs a toutes les ruzes du costé que le Cerf sera sorty aux deux premieres sorties. Plus le Cerf fait aucunes-fois de grãdes ruzes et hourvariz dedãs les routes qui sont par le milieu des fortz, ou bien il les suyt iusques au-pres du bort, faignant sortir au descouuert, puis tout soudain fait vn houruary sur luy, retournant sur ses erres, aucunes-fois plus de deux ietz d'arc. Lors les piqueurs, en defaisant telles ruzes et hourvariz, doyuent bien prẽdre garde que les Chiens ne prenent le cõtre-pied, d'autant que le Cerf seroit refuy sur luy longuement: aussi qu'ilz trouuerroyẽt les voyes plus fraisches au couuert, que non pas ailleurs, qui les pourroit transporter sur le contre-pied. Et en telz lieux les piqueurs ne doyuent pas eschauffer les Chiens, mais plus tost les faire chasser en crainte iusques a ce qu'ilz ayent redressé la sortie de la ruze.

Outre plus, il y ha des Cerfz lesquelz au partir de la reposee font les rompus, se iettans sur le ventre deuant les piqueurs, et se monstrent et font relancer aux Chiens, comme s'ilz estoyent las, et mal menez. Telles ruzes les iugent fort malicieux, et de grand' haleine pour courir longuement deuant les Chiens, se fians en leur force. Et qui plus est, les piqueurs cognoistront si vn Cerf se veut rendre, et s'il est las et mal mené, en plusieurs manieres.

La premiere est, si en fuyant deuant les Chiens, il n'oyt et ne veoit personne, s'il baisse la teste, mettant le nez pres de la terre, et bronche et chancelle, faignant les iambes, demonstrant son trauail : puis s'il veoit quelque homme en sursaut, il leue la teste, et fait de grans bondz, comme i'ay dit cy deuant, pour donner a cognoistre qu'il est encores fort et vigoureux : mais cela ne durera gueres, car quand il sera outrepassé, il commancera a rabaisser sa teste, et a faindre son corps, comme au par-auant.

Il se pourra encores cognoistre mal mené en vne autre maniere, c'est qu'il aura la gueule noire et seche, sans escume, et la langue retiree au dedans. Ou bien le pourront cognoistre par le pied, a ses fuytes, car bien souuent il fermera l'ongle, comme s'il alloit d'asseurance, puis tout soubdain il s'efforcera, et l'ouurira, faisant de grandes glissees, donnant des os en terre le plus souuent, et suyura communément les routes et chemins, sans ruzer que bien peu, que s'il vient a rencontrer quelque haye ou fossé, il yra du long pour chercher vne sortie a passer, par-ce qu'il n'aura pas la force et vigueur de saillir, et sauter par dessus. Tous ces signes donneront a cognoistre aux piqueurs que le Cerf se veut rendre, et qu'il est mal mené.

Ie mettray fin a ce present chapitre, priant les piqueurs et cognoisseurs m'excuser, si i'ay obmis ou delaissé quelque chose, par ce que ie ne puis pas si bien mettre par escript l'execution de mon esprit, que ie feroys si i'estois a l'œuure, d'autant que l'estat requiert que les piqueurs y soyent fins, subtilz, et soubsonneux, et qu'ilz se gouuernent scelon ce qu'ilz verront deuant eux, presumans la malice et force des Cerfz, ensemble la bonté et vigueur de leurs Chiens, et scelon qu'ilz verront faire les ruzes et hourvariz, et les lieux ou elles seront faictes. Et aussi se doyuẽt gouuerner, et faire leurs cernes grãs ou petis, longs ou estroitz, ſelon la commodité des lieux, et le temps qu'il fera et la ſaiſon: car aux chaleurs, et au temps des fleurs, que les herbes ont ſenteur, les Chiens ſur-allent plus toſt les beſtes qu'en autre ſaiſon. En tel temps et lieux il eſt beſoing de faire les cernes grans, et par plusieurs-fois, en cherchant les lieux fraiz et commodes pour le ſentiment des Chiens: et par ainſi il eſt fort malaiſé que le Cerf ſe deſrobe d'vn bon piqueur, et penible ſi ce n'eſt par la faute des Chiens. Et encores que les Chiens abandonnaſſent le Cerf, a cauſe de la nuyt, qui les pourroit ſurprendre, ou bien qu'ilz fuſſent las et haraſſez, ſi eſt-ce que le piqueur ne ſe doyt eſtonner, mais faut qu'il briſe ſes dernieres voyes ou erres pour le retourner chercher, requerir, trouuer, et prendre le lendemain.

Comme il faut que les piqueurs ſonnent de la trompe, & parlent aux Chiens, pour le Cerf.

CHAP. 41.

AV-IOVR-D'HVY il y ha peu d'hommes qui sachent bien sonner de la trompe, et parler aux Chiens en cris et langages plaisans, comme faisoyent les anciens : car a present ie veoy que les piqueurs ne prenent pas grand plaisir a veoir courir, ne faire chasser et requester les Chiens : mais seulement leur sufist de veoir prendre et mourir vn Cerf, pour auoir la bonne grace de leur maistre, et faire leur profit : et deslors qu'il est lancé n'en desirent que la curee. Ce que ne faisoyent les anciens, lesquelz se delectoyent, et prenoyent plaisir a bien parler et conduire les Chiens, comme recite Phebus, qui loüe grandement le duc d'Alençon, Huet de Nantes, et le sire de Mommorancy, lesquelz estoyent oüys et entenduz sur tous autres. Or apres auoir entendu et pratiqué quelque peu de leur style de sonner, et maniere de parler, crier, et hucher de la voix : i'ay bien voulu icy en noter et mettre par escript quelque chose, selon l'intelligence de mon esprit.

Comme il faut sonner de la trompe, & houpper de la voix, pour s'appeller l'vn l'autre quand on est a la chasse.

CHAP. 42.

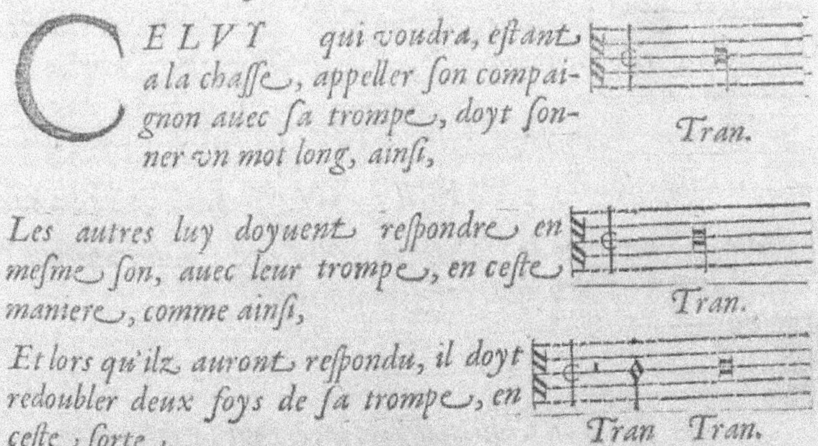

CELVY qui voudra, estant a la chasse, appeller son compaignon auec sa trompe, doyt sonner vn mot long, ainsi,

Les autres luy doyuent respondre en mesme son, auec leur trompe, en ceste maniere, comme ainsi,

Et lors qu'ilz auront respondu, il doyt redoubler deux foys de sa trompe, en ceste sorte,

Semblablement celuy qui voudra houpper, et appeller son compaignon de la voix, doyt houpper vn mot bien long, ainsi,

Houp.

Et s'il respond il doyt respondre en mesme voix longue.

Puys celuy qui voudra rappeller, redoublera sa voix en houppant en ceste maniere,

Houp Houp.

Voyla comme les Veneurs et piqueurs se doyuent appeller les vns les autres, tant de la trompe, que de la voix.

Et notez que tant pour s'appeller l'vn l'autre de la trompe que sonner pour Chiens, il en faut sonner du gresle : car en toute chose, pour la chasse du Cerf on ne doyt point sonner du gros de la trompe.

Comme il faut sonner de la trompe pour Chiens, & aussi comme il faut parler a eux de la voix quand ilz chassent.

Quand les piqueurs seront a la queüe des Chiens, estans les Chiens bien ameutez, ilz doyuent sonner souuent de la trompe, et a chascun coup troys motz de moyenne longueur, comme ainsi,

Tran tran tran

Semblablement quand le piqueur sera a la queüe des Chiens, estans les Chiens bien ameutez, il doyt parler a eux, ainsi,

Autre maniere de forhuer et parler aux Chiens auec la voix, quand ilz chassent, et sont ameutez.

Comme il faut sonner veue auec la trompe, & comme il faut parler aux Chiens auec la voix, quand on veoyt le Cerf a veue.

Si les piqueurs se trouuent au deuant de la meute, et qu'ilz voyent le Cerf a veüe, ilz doyuēt forbuer et sōner de la trompe plusieurs fois, en motz longs, ainsi,

Tran, tran, tr. tran, tr. tr. tran.

Semblablement si les piqueurs se trouuent au deuant des Chiens et qu'ilz voyēt le Cerf, ilz le doiuent laisser passer deuāt eux, puis forbuer et parler aux Chiēs ainsi

Et ne cesserōt de forbuer et crier iusques a ce que les Chiens soyent venuz a euz: puis quand ilz seront venuz, le piqueur les doit laisser passer, et se mettre a la queüe, en criant,

Puis quād il sera en l'eau, ou qu'il l'aura passee, on doit crier ainsi,

Au il bat l'eau chiēs, il bat l'eau, ij. il bat l'eau

Comme il faut sonner de la trompe aux deffaux, & la maniere de parler de la voix aux Chiens pour le deffaut, affin de les appeller a soy, & releuer le deffaut.

Si on veut faire retourner les Chiens a quelque ruze ou hourvari, ou bien qu'on eust laissé le relais, et que la meute fust en

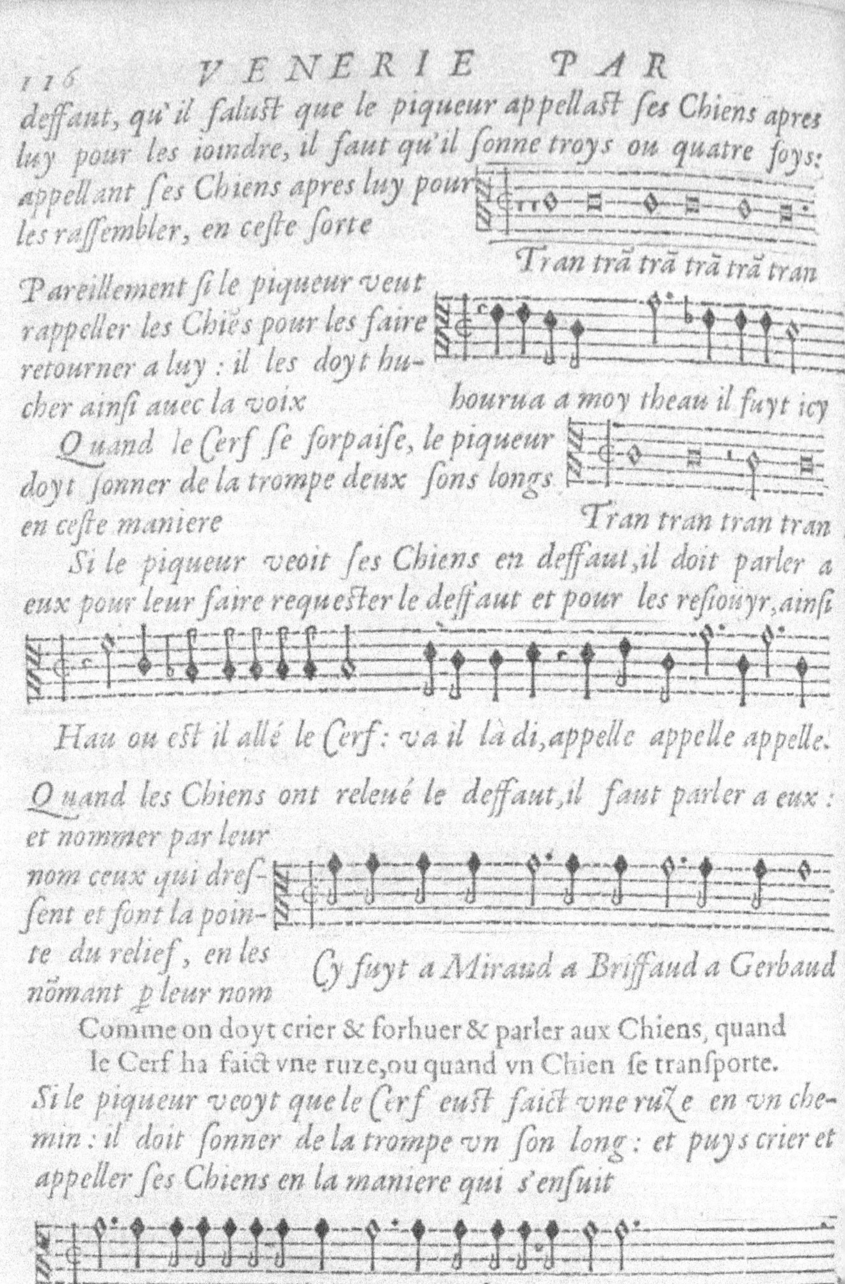

deffaut, qu'il faluſt que le piqueur appellaſt ſes Chiens apres luy pour les ioindre, il faut qu'il ſonne troys ou quatre foys: appellant ſes Chiens apres luy pour les raſſembler, en ceſte ſorte

Tran trã trã trã trã tran

Pareillement ſi le piqueur veut rappeller les Chiẽs pour les faire retourner a luy : il les doyt hucher ainſi auec la voix

hourua a moy theau il fuyt icy

Quand le Cerf ſe forpaiſe, le piqueur doyt ſonner de la trompe deux ſons longs en ceſte maniere

Tran tran tran tran

Si le piqueur veoit ſes Chiens en deffaut, il doit parler a eux pour leur faire requeſter le deſſaut et pour les reſiouyr, ainſi

Hau ou eſt il allé le Cerf: va il là di, appelle appelle appelle.

Quand les Chiens ont releué le deffaut, il faut parler a eux : et nommer par leur nom ceux qui dreſſent et font la pointe du relief, en les nõmant ꝑ leur nom

Cy fuyt a Miraud a Briſſaud a Gerbaud

Comme on doyt crier & forhuer & parler aux Chiens, quand le Cerf ha faict vne ruze, ou quand vn Chien ſe tranſporte.

Si le piqueur veoyt que le Cerf euſt faict vne ruze en vn chemin : il doit ſonner de la trompe vn ſon long : et puys crier et appeller ſes Chiens en la maniere qui s'enſuit

Vauleci horuari le Cerf Vauleci horuari Vauleci horuari la voye

Puis si le piqueur veoyt que l'vn de ses Chiens transporte le Cerf, et qu'il en voye les fuites, il doyt crier en ceste sorte, en iettant vne brisee,

Vaulecy fuyant, il dit vray, vaulecy fuyant, vaulecy fuyant.

Comme on doyt sonner les abboiz de la trompe, & parler aux Chiens, de la voix, quand le Cerf sera aux abboiz.

Quand le Cerf sera aux abboiz, les piqueurs doiuent sonner de la trompe six ou sept sons fort vistes et courtz, et le dernier vn peu plus long, et les ressonner plusieurs foys, cõme il s'ensuit.

Tran tr.tr.tr.tr.tr.tr.tr. tran. tr.tr.tr.tr.tr.tr.tr.tr. tran.

Aussi le piqueur, quand le Cerf sera aux abboiz, doyt parler a ses Chiens en ceste sorte,

Hau halle Chiens, halle, halle, halle, halle.

Comme il faut sonner auec la trompe la mort du Cerf, & comme a sa mort il faut crier & appeller les Chiens.

Quand le Cerf sera pris, tous les piqueurs doiuent sonner longuement, par sons longs, en ceste sorte et maniere,

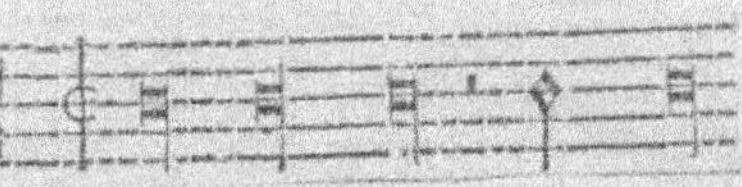

Tran, tran, tran, tran, tran.

Et außi les piqueurs doiuent crier et appeller les Chiens a la mort du Cerf, ainsi,

A la mort Chiẽs .a la mort, a la mort

Comme il faut sonner la retraicte auec la trompe, & comme il faut crier & appeller les Chiens quand la chasse est faicte.

Quand la chasse sera finie, et que les piqueurs se voudront retirer, il faut sonner de la trompe troys motz fort longs, puys les redoubler par deux plus briefz, et vn tiers qui sera semblable aux deux premiers sons, comme pourrez veoir noté icy dessoubz.

Tran, tran, tran, tran, tran, tran, tran.

Semblablement il faut crier et appeller les Chiens a la retraicte en ceste maniere.

Theau Chiẽs theau hau haute haute thie thie ha ha ha ha ha ha

Comme il faut ſonner de la trompe pour faire la curee: & comme il faut auec la voix forhuer les Chiens, a la curee.

Quand on appellera les Chiens pour venir a la curee, il faut ſonner auec la trompe, cõme il eſt icy noté.

Tran tran tran tran tran tran tran tran.

Et auſsi quand les piqueurs voudront faire la curee aux Chiens, faut qu'ilz forhueut et crient, iuſques a ce qu'ilz ſoyent tous venuz, en ceſte maniere,

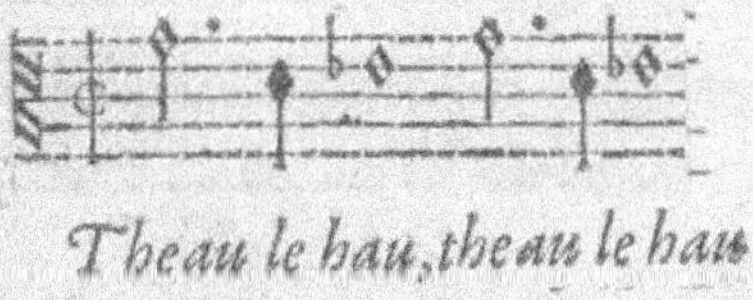

Theau le hau, theau le hau

Comme on doyt parler aux Chiens, quand ilz mangent la curee, & de ce qu'ilz leur faut faire.

Quand les Chiens mangeront la curee, les piqueurs les doiuent frapper de la main, en leur faiſant chere et les appellant par leur nom, principalement ceux qui ont mieux faict leur debuoir, en criant et parlant ainſi aux Chiens,

Ha Miraut ha Briſaut ha Gerbaut

Comme il faut ſonner de la trompe apres la curee, & comme il faut ſonner pour ramener les Chiens au chenin.

Quand la curee sera mangee, on doit renuerser le cuyr du Cerf sur les Chiens, en leur monstrant la teste du Cerf, et sonner de la trompe ne plus ne moins qu'aux abboiz, comme pouuez veoyr cy dessoubz.

Tran tr.tr.tr.tr.tr. tr.tr.tran, tr.tr.tr.tr tr.tr.tr.tr.tran.

Puis quand le tout sera faict, et qu'on voudra ramener les Chiens au chenin, on doit sonner deux briefz sons a chascune foys, en ceste maniere,

Tran tran tran tran tran tran tran tran.

Voila en bref vne partie du stile de sonner et crier pour Chiens, lequel les bons piqueurs doiuent sçauoir et entendre. Et y pourront augmenter sur chascun article telz motz et termes de parler et crier qu'ilz voudront. J'en eusse mis grand nombre par escript, sinon qu'il eust esté long, et mal-aisé a noter. A ceste cause il me suffist d'en escrire les sons et motz les plus communs, pour en donner intelligence aux apprentifz. Et aussi par-ce qu'il y ha beaucoup d'hommes qui n'ont pas la voix a commandement, pour prendre les cris et termes de Venerie si hautains, ie m'en suys remis a la discretion de leur voix : toutesfois que les hautains et plaisans cris sont desdiez pour la chasse du Cerf, et les bas, rudes et furieux pour la chasse du Sanglier : comme de crier Hou, Veles cy aller, Houla, houla, et autres rudes langages : mais pour la chasse du Cerf, ilz sont deffenduz, sur peine de desroger a l'estat de Venerie.

Comme

Comme il faut tuer le Cerf quand il sera aux abboiz, & de ce qu'il faut faire.

CHAP. 43.

QVAND les Cerfz sont aux abboiz, ilz sont dangereux, principalement a la saison du rut, car leur teste est plus veneneuse qu'en autre temps. Et pour ceste raison on dit vn commun prouerbe, Au Cerf la biere, et au Sanglier le barbier. Ce qui n'ha esté dit pour neant, veu les accidentz qui en sont arriuez, comme lon peut veoir par exemple. Nous lisons d'vn Empereur nommé Basile, lequel auoit gaigné maintes batailles, et fait de grandes prouesses en son regne, et toutes-fois fut vaincu et tué d'vn Cerf, le voulant assaillir aux abboiz. O fortune que tu es variable! Vn Prince ayant fait tant de vaillances entre les hommes, estre vaincu d'vne beste. Et y ha tant d'autres exemples que ie laisse a cause de brefueté. Mais cestuy cy doyt suffire aux piqueurs, pour leur faire cognoistre et entendre qu'ilz doyuent aller sagement aux abboiz du Cerf, comme ie declaireray cy apres. Et pour-ce il faut entendre qu'il y ha difference des abboiz de l'eau, et des abboiz de la terre: car si le Cerf est en eau profonde ou le piqueur ne peust aller a cheual, la premiere chose qu'il doyt faire, c'est de coupler les Chiens, pour beaucoup de raisons, car s'ilz estoyent longuement en l'eau, ilz se refroidiroyent et gasteroyent: aussi si c'estoit en quelques riuieres ou estangs larges et grandz, ilz seroyent en danger de leur noyer: par-ce qu'vn Cerf mal mené ne cuyde pas sortir de l'eau quand il voit les Chiens et piqueurs apres luy, et nage volontiers tousiours par le milieu sans s'approcher de la riue: qui est la cause pour-quoy le piqueur doyt prendre ses Chiens, et se cacher, attendant le Cerf a sortir: ce qu'il pourra faire n'oyant point de bruyt, ou bien il s'approchera de la riue en lieu ou le piqueur luy pourra donner vn coup d'espee. Et si d'auanture le Cerf sortoit de l'eau, il le doyt laisser esloigner assez loing premier que de decoupler ses Chiens: car si le Cerf oyoit si soudainement bruyt apres luy, il pourroit encores retourner dedans, et le piqueur n'auroit pas le loisir ne l'espace de luy donner vn coup d'espee. Et s'il voyoit que le Cerf ne voulust sortir de l'eau, il doyt ennoyer querir vn bateau, ou bien s'il sçayt nager faut qu'il se despouille tout nud, ayant vne dague en l'vne de ses mains, et se mette a la nage pour l'aller tuer: mais se doit bien dõner de garde de l'assaillir, si ce n'est en lieu profond, par ce que si le Cerf prenoit terre, il le pourroit blesser de sa teste, mais en lieu profond il n'ha force ne puissance. I'en ay tué en ceste sorte plusieurs-fois en presence de beaucoup d'hõmes, *puis les poussoys a la riue en nageant. Autrement, si le Cerf tient les abboiz a terre, et qu'il ayt sa teste frayee et brunie, le piqueur doyt bien regarder en quel lieu c'est: car si c'est en lieu plain et descouuert, ou il n'y ayt point de boys, il y est dangereux et mal-aisé a tuer, mais si c'est au long d'vne haye, ou en quelque fort de boys, ce pendant qu'il s'amuse aux Chiens, le piqueur mettra pied a terre, et ira secretement par le derriere des brosses, et le tuera aisement. Et s'il aduenoit que le Cerf tournast la teste pour venir a luy, doyt soudainement prendre vne branche, ou vn fueillard, et le secouer rudement, lors le Cerf ne faudra a retourner, sans luy faire mal. Le piqueur le pourra bien tuer encores en vne autre maniere, c'est que quand il verra le Cerf aux abboiz, il doyt haller, et crier a ses Chiens, et lors qu'il verra qu'il tournera la teste pour s'enfuyr, il doyt piquer son cheual, et l'accouer de plus pres qu'il pourra, a fin qu'il n'ayt pas le loysir ne le lancs de tourner la teste pour le blesser, et ainsi le pourra tuer.*

Comme on doyt deffaire le Cerf, & faire la curee aux Chiens.

CHAP. 44.

QVAND le Cerf sera pris, tous les Veneurs et piqueurs, qui là seront, doyuent hucher, et sonner la mort, a fin de faire assembler les compaignons de la Venerie, et les Chiens. Eux estantz assemblez, et que le Roy ou maistre sera arriué, feront fouler le Cerf aux Chiens : ce fait, les doyuent recoupler, puis le Veneur qui l'aura destourné, doyt prendre son cousteau, et leuer le pied droit, lequel il presentera au Roy en la sorte qu'il est cy dessus pourtrait : puis auant que faire aucune chose, faut qu'ilz couppent de la fueillee, laquelle ilz espandront par terre, et mettront le Cerf dessus, le couchant sur l'eschine, les quatre piedz et le ventre contremont, et faut mettre sa teste soubz ses deux espaules, comme pourrez veoir par la pourtraicture cy dessus faicte. Ce fait, il faut faire vne fourchette qui ayt l'vn des costez plus long que l'autre, comme pourrez veoir par ceste pourtraiture, dedans laquelle fourchette faut mettre tous les menuz droitz qui appartienent au Roy, ou au Seigneur de la Venerie. Puis auant que de fendre le cuyr du Cerf, la premiere chose qu'on doyt leuer, sont les dyntiers, vulgairement appellez les couillons, ausquelz il faut faire vn petit pertuys en la peau, pour les mettre a la fourchette. Apres faut qu'il commance a despouiller le Cerf en ceste maniere.

Premierement, il doyt commancer a le fendre a la gorge suyuant tout le long du ventre iusques au lieu des dyntiers : puis le doyt prendre par le pied dextre de deuant, et enciser la peau tout au tour de la iambe, au dessoubz de la ioincture, et la fendre depuis l'encisure iusques au noyau de la poictrine: et en fera autant a chascune des autres iambes, et si faut qu'a celle de derriere les encisures finissent au droit du vit, de chascun costé. Apres faut commancer par les iambes, ou par les poinctes des encisures, a le despouiller. Et quand il sera a l'endroit des costez, faut qu'il leue auec la peau vne sorte de chair rouge, que nous appellons le parement, qui vient par dessus la venaison des deux costez du corps. Puis apres que le Cerf sera tout despouillé, fors seulement la teste, les oreilles, la queuë, et le cul, (lesquelles choses doyuent demourer auec le poil) auant que toucher au corps, le Veneur doyt demander du vin, et boire le coup, car autrement, s'il deffaisoit le Cerf sans boire, la venaison se pourroit tourner et gaster. Le Roy ou Seigneur doyt faire apporter son vin, auec la chaufrette pleine de charbon vif, et la saulse en vne escuelle bien aßimentee, comme il est requis : et ainsi comme il verra deffaire le Cerf au Veneur, doyt prendre ses appetis, et chercher les morceaux friandz, pour les mettre sur la chaufrette, et faire ses carbonnades, en beuuant, riant, et faisant grand' chere, deuisant des Chiens qui ont le mieux chassé, pourchaßé, requesté, et resauté, les faisant venir deuant luy pour veoir deffaire le Cerf, car ainsi faisoyent les bons et anciens Princes, amateurs de la Venerie. Alors le Veneur prendra son cousteau, et commencera a deffaire le Cerf en ceste sorte, eslargissant le cuyr sur la fueillee.

Premierement, faut qu'il leue la langue, et la mette a la fourchette. Apres doyt leuer les deux neudz qui se prenent entre le col et les espaules : il y en ha deux autres qui se prenent aux flancs, et pour ce on les appelle flancars, tous ces quatre neudz se doyuent mettre a la fourchette. Ce fait, faut qu'il leue l'espaule droite, laquelle appartient au Veneur, qui aura laißé courre, puis leuer l'autre espaule, qui appartient a tous les autres. Cela fait, faut leuer la hampe, qui appartient au grand Veneur, puis les foulz, qui se prenent au bout de la hampe sur la poictrine du costé du col, ce qui appartient a celuy qui ha laißé courre. Apres doyt vuyder le ventre, et oster le vit : puis leuer la vene du cueur, et le franc-boyau, et tout chaudement le tourner et nettoyer, et le mettre a la fourchette. Apres faut ouurir le cueur, et en oster l'os, et leuer les nombles, qui se prenent entre les cuysses, puis doyt leuer les cuysses : et apres faut leuer le cymier depuis le commancement des costez, et de longueur iusques au bout de la queuë, en eslargissant sur les cuysses iusques aux iointz, laissant l'os corbin tout franc, en luy donnant deux coups de cousteau sur le haut des deux costez, pour monstrer la venaison : et en faut oster du bout de deuers les costez, trois neudz, qu'on appelle les cinq et quatre, qui appartienent au grand Veneur. Les nombles, cuysses et cymier appartienent au Roy. Apres faut leuer le col, qui appartient aux valet de Chiens : puis enleuer les costez, lesquelz appartienent au Roy : apres leuer l'eschinee, qui appartient au valet de Limier.

De la curee des Chiens courantz, & premierement des Limiers.

CHAP. 45.

LA CVREE des Limiers se doyt faire en ceste sorte. Premierement, quand on deffera le Cerf, il faut que les Limiers soyent presens a le veoir deffaire, et qu'ilz soyent tenuz ou attachez en quelques lieux, ou ilz ne se puissent battre et toucher les vns les autres. Puis le Veneur qui l'aura destourné, doyt prendre le massacre ou teste du Cerf, et le cueur, pour faire le premier droit a son Limier, pour autant que l'honneur luy appartient. Apres auoir fait le deuoyr a son Chien, il donnera la teste a ses compaignons, pour faire pareillement le deuoir a leurs Limiers. Ce fait, s'en iront boire, pendant que les valetz de Chiens acoustreront la curee pour les Chiens courantz, laquelle se peut faire en deux sortes. Dont la premiere est, qu'incontinent que le Cerf est prins, les piqueurs ayans sonné et amassé les Chiens de la meute pour se trouuer a la mort, ilz doyuent mettre pied a terre, et despouiller soudainement le col du Cerf, ce pendant qu'il est chaut: puis luy donner sept ou huyt taillades de cousteau affin que les Chiens puissent auoir la chair plus aysément, et tout chaudement leur faire la curee du col et de la ceruelle du Cerf. Et deuez scauoir que telles curees chaudes et soudainement faictes, sont meilleures sans comparaison que celles qui se font au logis, et mettent bien plus tost et mieux les Chiens a la chair. Celles qui se font au logis, qu'on doyt nommer curees froides, se font en ceste maniere, faut prendre du pain, et le decoupper par petis lopins en vne poisle, auec du fourmage: puis prendre le sang du Cerf, et en arrouser le pain et fourmage. Alors qu'on verra le tout bien bruny de sang, faudra prendre vne grande potee de laict chaut, et arrouser et mesler le tout ensemble. En apres estendre le cuyr en quelque beau lieu sur l'herbe bien nette, et mettre soudainement la curee dessus: par-ce que si elle demeuroit longuement en la poisle, l'arain ou le laict la pourroyent aigrir. Lors que la curee sera bien estendue sur le cuyr, faut mettre le massacre ou teste au millieu, et emplir vne poisle d'eau fresche aupres de la curee, pour faire boire les Chiens: puis faut mettre le forhu au bout d'vn baston, lequel doyt estre bien vuyde et net, de peur qu'il face mal aux Chiens, celuy qui le portera s'en doyt aller a cent pas de là. Puis le Roy ou Seigneur, ou celuy qui representera sa personne, doyt commancer le premier a sonner de la trompe, et forhuer les Chiens, par autant que l'honneur luy appartient, et alors les Veneurs mettront tous la trompe a la bouche, pour sonner, forhuer, et resiouyr les Chiens. Le valet de Chiens doyt estre sur le milieu de la curee, auec deux houßines pour la dffendre, a fin que les premiers venuz attendent les derniers. Et incontinent qu'il les verra tous abboyantz au tour de luy, il se doyt oster, et les laisser manger, en les resiouyssant et faisant chere de la main: puis quand ilz verront que la curee sera presque mangee, celuy qui ha le forhu doyt sonner et crier, Ty-ha Hillaud. Les valetz de Chiens qui seront a la curee doyuent menacer les Chiens, et les faire aller a luy, alors il leur monstrera le forhu: puis quand il les verra tous autour de luy, jettera son forhu par le milieu d'eux. Apres qu'ilz l'auront mangé, faudra les ramener sur le cuyr, et sonner de la trompe en tournant le cuyr sur eux. Incontinent que la curee sera faicte, principalement quand elle est froide, il faut mettre les Chiens au chenin, car s'ilz trauailloyent apres, ilz pourroyent rendre leur gorge, mais si la chair est chaude et pure, ilz ne la cuydent pas rendre. Et quand la curee sera faicte, les compaignons s'en iront boire.

Fin de la chasse du Cerf.

De la Chasse & proprieté du Sanglier.

CHAP. 46.

APRES auoir descrit de la Venerie du Cerf, selon l'intelligence de mon esprit, ie feray seulement icy vn petit traicté de la chasse et proprieté du Sanglier: combien qu'il ne doyt pas estre mis au rang des bestes chassees a force de Chiens courantz, mais est le vray gibbier des mastins, et leurs semblables: d'autant que c'est vne beste pesante, et de grande senteur, laquelle ne se fie qu'en ses dentz, et deffenses, ne voulant fuyr ne s'esloigner des Chiens, a ceste cause ne peut on cognoistre la bonté et vistesse d'iceux. Aussi a la verité, il me semble que c'est grand dommage de faire courir a vne bonne meute de Chiens telles sortes de bestes, pour les raisons qui s'ensuyuent.

Premierement, le Sanglier est le seul animal qui peut tuer et ferir d'vn coup, car si les autres especes esgratignent ou mordent, il y ha tousiours moyens de remedier a leur morsure, mais au Sanglier, s'il blesse vn Chien de la dent, au coffre du corps, il n'en cuydera iamais eschapper. Et ha ceste malice que s'il veoit vne bonne meute de Chiens, qui le chassent de pres, il fuyra dedans le plus grand fort qu'il pourra trouuer, la ou il les pensera tuer a son aise. Ce que i'ay veu par experience plusieurs-fois, et entr' autres d'vn Sanglier, qui auoit cinquante Chiens courantz apres luy, lors qu'il les voyoit tous bien ameutez et ensemble, il tournoit sa hure deuers eux, et donnoit dedans le milieu de la meute, de telle sorte qu'il tueoit aucunes-fois six ou sept Chiens d'vne venue: et des cinquante Chiens courantz, il n'en fut point ramené dix sains au logis. Et aussi que si vne meute de Chiens est vne fois dressee pour le Sanglier, ilz ne veulent plus courir les bestes legieres, par ce qu'ilz ont accoustumé de chasser de pres, et auoir grand sentiment de leur beste, ce qui est du tout contraire aux bestes legieres. Pour ces causes, ie veux conclure que tout homme qui veut prendre le Cerf, Cheureul, ou Lieure a force, ne doyt point faire courir le Sanglier a ses Chiens. Mais par ce que les hommes sont de diuerses opinions, et cherchent leur plaisir selon la commodité de leurs maisons, ie leur descriray icy la proprieté du Sanglier, et comme on le doyt chasser, et le moyen de le tuer auec l'espieu, et l'espee, comme on le pourra veoir par les pourtraitz cy apres mis.

Du naturel & malice du Sanglier.

CHAP. 47.

LES Sangliers sont de telle nature, que quand ilz naissent et sortent du ventre de la mere, ilz apportent toutes les dentz qu'ilz auront iamais, et ne multipliront plus leurs dentz, sinon en grosseur et longueur. Ilz en ont quatre entre autres, lesquelles se nõment deffenses, dont les deux de dessus ne blessent point, mais seruent seulement d'aguiser celles de dessoubz, desquelles ilz blessent et tuent. S'il aduient que les Sangliers se creuent les yeux, ilz guarissent soudainement. Ilz peuuent viure vingt et cinq ou trente ans. En Apuril et May ilz sont plus aisez a mettre aux toiles qu'en autre saison: la raison est, qu'ilz dorment plus fort en ces deux moys qu'en autre temps, par ce qu'ilz mangent les herbes fortes, et la gette du boys, qui leur esmouuent le sang, et font monter les fumees au cerueau, ce qui les endort. Aussi que le Prin-temps leur renouuelle le sang, qui est cause de leur grand repos. Les Sangliers vont au rut enuiron le moys de Decembre, et dure leur grand' chaleur pres de troys sepmaines. Et encores que les Layes soyent refroidies, les Sangliers ne bougent de leurs compaignees qui ne soyt enuiron le mois de Ianuier: alors se departent, et vont prendre leur buysson, se recelans aucunes-fois dedans leur fort deux ou trois iours sans en sortir, et principalement quand ilz ont ouuert leur souge, et qu'ilz trouuent la racine de fougere douce. Les Sangliers sortent aucunesfois des forestz, et vont chercher leurs mangeures bien loing, le plus souuent au temps de vendanges, et demeurent la ou le iour les prend, sans regarder le lieu, mais leur suffist seulement de demeurer en quelque gros hallier de ronces, ou d'espines, attendant la nuict a venir. Ilz escoutent l'homme de bien loing, quand ilz sont au dessoubz du vent, mais quand ilz sont au dessus, n'en ont n'en ont ſentiment que bien peu. Les Sangliers viuent de toutes ſortes de bledz, fruitz, legumes, comme pommes, poyres, prunelles, faine, gland, et autres ſemblables, et de toutes racines, excepté de rabes, et naueaux. Auſsi en Apuril et May ilz mangent la gette du prunier, et du cheſne, et toutes bonnes fleurs qu'ilz peuuent trouuer, principalement celle du geneſt. Ilz vont aux charoignes du Cheual, et non d'autres beſtes.

Il faut entendre que le Sanglier ha ceſte proprieté, qu'il ne deuient iamais ladre, comme vn Porc priué. Quand les Sangliers ſont aux marez, ilz viuent d'anguilles, d'aſchetz, et autres choſes qu'ilz peuuent trouuer. A la coſte de la Mer ilz viuent de toutes ſortes de coquilles, comme mouſles, huytres, et leurs ſemblables. Leur ſaiſon et venaiſon commance a la my-Septembre, et finiſt enuiron le commancement de Decembre, qu'ilz commancent a aller au rut. Communément les Sangliers ſe ſont abbayer aux Chiens en leur bauge, ou au partir d'icelle, et ſont plus toſt leurs demeures dedans les boys fortz d'eſpines et ronces, qu'ailleurs. Et quand ilz ſont chaſſez des Chiens, ilz fuyent le fort pays, et couuert, ne ſe voulant deſbucher de leur fort qu'ilz ne ſentent la nuict approcher. Et ſi de fortune il y ha vne compaignee de beſtes, et qu'il y en ayt vne qui ſe deſbuche par vn endroit, toutes les autres la ſuyuront, et ſortiront par meſme lieu. Les Sangliers abandonnent plus toſt les foreſtz pour aller au loing chercher des buyſſons, que ne ſont pas les Cerfz: auſsi dit on que le Sanglier n'eſt qu'vn hoſte. Et ſi d'auanture les Sangliers font leur demeure en vn buyſſon, et qu'ilz ſoyent venuz de quelque foreſt loing de là, ſ'ilz y ſont chaſſez, ilz ſ'en retourneront ſur les meſmes erres par ou ilz ſont venuz, et depuis qu'ilz ſe deſbuchent d'vn buyſſon, ilz fuyent touſiours, ſans leur arreſter, iuſques a ce qu'ilz ſoyent au pays ou ilz ont eſté nez, duquel ilz ſont venuz: la ou ilz eſtiment leur ſauuegarde, et le refuge de leur force. Ce que i'ay veu par experience d'un Sanglier qui estoit venu en un buysson, lequel des le lendemain laissé courre deuant les Chiens, et tout soudain desbucha du buysson ou ie le lancé, s'en retournant sur ses mesmes erres par ou il estoit venu, en une forest qui estoit a sept lieües loing de là : et par les lieux ou il passoit ie voyois les vieilles erres par ou il estoit venu. Il est vray que s'il est nourry en un pays, et que les Chiens le chassent, il ne cuyde pas desbucher de son fort aysement, mais bien mettra la hure hors du fort pour s'en cuyder aller, en sentant et prenant le vent de toutes partz, puis s'il oyt quelque chose, il retourne soudainement sur luy, et apres, quelque bruyt que puissent faire les piqueurs ne les Chiens, il ne cuydera pas ressortir par cest endroit, si ce n'est vers le soir : mais s'il estoit une fois sorty ayant entreprins son chemin, il ne laisse pour homme ne pour bruyt a passer outre. Le masle ne cuyde pas crier quand on le tue, principalement un grand Sanglier, mais la femelle oüy. Quand le Sanglier suyt deuant les Chiens, il ne fait point de ruzes, d'autant qu'il est pesant, et que les Chiens le suyuent et chassent de pres. Ie trouue dedans le Proprietaire, qu'on cognoist la vieillesse du Sanglier a la iambe, a laquelle y ha force petites foussettes ou rides, et autant que la iambe en marque, il doyt auoir d'ans : mais quand a moy, ie ne m'arreste qu'aux traces, a la hure, et aux deffenses. Les femelles ne portent qu'une fois l'an. Les Sangliers sont plus hardis, et s'addressent plus tost aux hommes, pour leur courir sus, quand ilz font leur pourchaison de nouzilles, et de faine, qu'ilz ne font pas quand ilz la font de gland, ou d'autres mangeures. Un ieune Sanglier en son tiers an, ne doyt estre assailly pour prendre a force, car il courra beaucoup plus longuement que ne fera un ieune Cerf portant six cornettes.

Des motz & termes qu'on doyt vser pour le Sanglier.

CHAP. 48.

COMBIEN qu'en la chasse du Cerf, au chap. 37. i'aye parlé quelque peu des motz et termes de Venerie, qu'on doyt vser pour la chasse du Sanglier, i'ay bien voulu icy en donner aux Veneurs plus ample intelligence. Premierement, si vn Veneur se troue entre les bons maistres, et qu'on luy demande que c'est qu'vn Sanglier venant a son tiers an, il peut respondre, que c'est vne ieune beste qui ha laissé les compaignees ceste annee, et que iamais Sanglier ne laisse les compaignees qu'il n'ayt passé deux ans. Puis si on luy demande que c'est qu'vn Sanglier a son tiers an, peut respondre que c'est une beste qui ha trois ans accomplis, venant a son quart an : puis si on luy demande que c'est qu'un Sanglier en son quart an, il peut respondre, que c'est une beste qui ha quatre ans accomplis, venant au cinquiesme. Et tout ainsi qu'on dit, Cerf de dix cors courable, au prealable peut on dire Sanglier en son quart an courable, n'ayant point de reffuz. Puis si on luy demande que c'est qu'un grand vieux Sanglier, il peut dire, que c'est un Sanglier qui ha laissé les compaignees il y ha plus de quatre ans, ou autrement le peut dire Porc entier, ou grand vieux Sanglier. En apres si le Veneur fait son rapport, et qu'on luy demande ou le Sanglier ha esté viure la nuict, il peut dire qu'il ha esté faire ses mangeures aux gaignages, qui se prenent pour champs, et autres lieux ou croissent toutes sortes de bledz, comme i'ay dit. Mais s'il voyoit qu'il eust fait ses boutis dedans des prez ou fraischeurs, il doyt appeller cela vermeiller : comme disant, le Sanglier ha vermeillé en tel lieu. Et si de fortune il auoyt fait sa nuict aux fouges, ou au parc, le Veneur doyt dire, qu'il ha fait ses boutis au parc ou a la fouge : car il faut entendre que toute espece de fruitz qu'il peut manger sans fouger, se doyuent nommer mangeures, et toutes les autres choses, ou il leue la terre auec le nez (autrement appellé boutouer) pour auoir les racines, se doyuent nommer fouge : mais aux lieux frais là ou il ne fait que leuer un peu la terre auec le bout du boutouer, cela se doyt nommer vermeiller, qui est autant a dire, que chercher les vers en la terre. Il y ha aussi muloter, qui est quand le Sanglier va chercher les caches et greniers des mulotz, ausquelz ilz ont assemblé le bled, gland, et autres fruitz. Et quand ilz vont aux prez, et autres lieux, paistre l'herbe, telle chose se doyt nommer herbeiller: comme disant, le Sanglier ha herbeillé en telz lieux. Voyla comme le Veneur doyt specifier les termes de la Venerie du Sanglier, en faisant ses rapportz.

Des iugementz que le Veneur doyt sçauoir pour cognoiſtre vn grand Sanglier, & premierement du iugement du pied.

CHAP. 49.

COMMVNEMENT on cognoiſt les grands vieux Sangliers aux traces, deſquelles les formes en doyuent eſtre grandes et larges, les pinces de la trace de deuant rondes et groſſes, les couppantz des coſtez des traces vſez, ſans ſe monſtrer tranchantz, le talon large, les gardes groſſes et ouuertes, deſquelles il doyt donner en terre ſur le dur par tout ou il marche. Les traces de derriere doyuent marcher au coſté, par le dehors de celles de deuant, demonſtrant la groſſeur des entre-cuyſſes. Les rides qui ſont entre les gardes et le talon, ſe doyuent former en la terre, en demonſtrant l'eſpeſſeur et rudeſſe du poil, ſes alleures grandes et longues. La marche de la trace doyt eſtre profonde et large, monſtrant ſa peſanteur.

Du iugement des boutis.

CHAP. 50.

QVAND le Sanglier fera des boutis dedans les hayes, pour auoir d'vne racine qu'on appelle le parc, le Veneur pourra cognoiſtre la groſſeur et longueur de ſa hure, en regardant la profondité et largeur des boutis. Auſſi il le pourra cognoiſtre aux fraiſcheurs, là ou il va faire les boutis pour vermeiller, et en autres lieux.

Le iugement du Souil.

CHAP. 51.

LE Veneur pourra cognoistre par le Souil, si c'est vn grand Sanglier, en voyant la longueur, largeur et grandeur d'iceluy Souil: ou bien au partir du Souil le pourra cognoistre aux entrees des fortz, aux fueilles, et aux herbes ou le Souil touchera, par ce qu'alors qu'il en sort il emporte la boüe et fange sur luy, laquelle marque les fueilles en entrant dedans, par lesquelles on peut veoir et iuger sa hauteur et grosseur. Ou bien aduient souuentes-fois qu'apres que le Sanglier s'est souillé, il se va frotter contre vn arbre, a laquelle il marque sa hauteur. Et s'il ha esté fasché des Chiens, ou qu'il soit despit de quelque chose, il donnera volontiers deux ou trois coups de ses dentz ou deffenses dedans l'arbre, comme si c'estoyent coups de dagues: là ou le Veneur en pourra auoir iugement, tant de sa hauteur, que de la grosseur et largeur des deffenses. Il se peut iuger aussi par la bauge, car communément les grandz Sangliers en leur venaison font leurs bauges profondes en la terre, et au partir d'icelles iettent leur fiante, qui se nomme en terme de Venerie lesses, lesquelles doyuent estre grosses et longues, demonstrant la largeur du boyau, car tant plus vne beste est vieille, et tant plus elle ha le boyau large: combien que le Veneur ne les doyt point apporter a l'assemblee, mais doit suffire de les regarder aux lieux ou il en trouuerra.

La difference d'entre les Sangliers, & les Porceaux priuez.

CHAP. 52.

LA difference d'entre les Sangliers et Porceaux blancs est telle, que les bestes noires en leurs alleures mettent tousiours la trace de derriere dedans celle de deuant, ou bien pres, et appuyent plus de la pinse que du talon, fermant l'ongle de deuant, et donnent communément des gardes en terre, lesquelles ilz eslargissent par dehors, les costez des ongles des traces tranchantz et couppantz la terre: qui est au contraire des Porceaux blancs, car ilz ouurent les ongles de deuant, en laissant tout plein de terre entredeux, et sont communément rondz et vsez, appuyant plus du talon que de la pinse: aussi qu'aux Porceaux blancs le pied de derriere ne marche point dedans celuy de deuant, et leurs gardes se fichent toutes droictes en la terre, sans s'escarter, et les costez des ongles ne font que fouler la terre sans la trancher. Aussi que le dessoubz de la solle des Porcs blancs est plein de chair, qui ne peut pas applanir la forme de la trace, comme fait celle du Sanglier. Il y ha pareillement grand' difference aux boutes, car vne beste noire les fait plus profondz, a cause qu'elle ha la hure plus longue, et quand elle arriue dedans les champs semez, elle suyt volontiers vn rayon, nazillant et vermeillant tout le long d'vn seillon, iusques a ce qu'elle soit au bout: ce que ne font les Porceaux blancs, car ilz ne suyuent pas leurs boutis comme font les Sangliers, mais seulement en font vn en vn endroit, l'autre plus loing, en trauersant les seillons, sans que leurs boutis s'entretienent l'vn auec l'autre. Semblablement on les peut cognoistre l'vn de l'autre aux gaignages, quand ilz vont au grain, car les Sangliers abbatent le bled tout en rond, la ou les Porceaux blancs ne le font pas.

La difference des Sangliers entre le masle & la femelle.

CHAP. 53.

COMBIEN que les Veneurs veulent dire qu'il n'y ha iugement ne cognoissance aux bestes de compaignee, qui sont soubz l'eage de deux ans, pour cognoistre les masles d'auec les femelles : si est-ce que i'ay veu plusieurs-fois des cognoisseurs en ces pays de Poictou, qui cognoissoyent le masle d'auec la femelle entre les cochons nez de l'annee, suyuans la mere, desquelz ay voulu entendre les raisons, qui sont : Que les masles estantz apres la mere s'escartent communément plus loing que les femelles, et vont naziller et vermeiller a douze ou a quinze pas loing de la mere, par-ce qu'ilz ont plus grand' hardiesse que n'ont les femelles : lesquelles font le contraire, car elles suyuent la mere le plus pres qu'elles peuuent, d'autant qu'elles n'ont pas le cueur ne la hardiesse de leur escarter, comme les masles : et le cognoissent encores aux alleures, disans que tout masle eslargist plus les iambes de derriere en marchant, que la femelle, et que communément ilz mettent la trace de derriere sur le bort de celle de deuant par le debors, a cause des entre-cuysses, et des suytes qui leur font eslargir les iambes de derriere : ce que les femelles ne font pas, car elles sont vuydes entre les cuysses, qui les cause marcher plus estroit, et au dedans des alleures. Aussi le peut on cognoistre aux gardes, car le Sanglier masle les ha communément plus grosses, plus grandes, et plus pres du talon que n'ha la femelle, laquelle les ha hautes, courtes, deliees, et pres l'vne de l'autre, qui est la cause pourquoy bien souuent elle ne donne point des gardes en terre, et encores qu'elle en touche, elles se monstrent fort petites et deliees, sans s'escarter que bien peu. Aussi communement la femelle ne fait pas si bon talon *que fait vn ieune Sanglier, et ha les ongles plus longs, et aguz deuant, et plus ouuertz que n'ha vn ieune Sanglier. La femelle ha les traces et les solles de derriere plus estroictes que celles du masle.*

Comme on doyt chasser & prendre le Sanglier a force auec les Chiens courantz.

CHAP. 54.

IL FAVT entendre qu'on ne doyt iamais assaillir vn ieune Sanglier en son tiers an, pour le prendre a force, car il courra plus longuement qu'vn Cerf ne portant que six cornettes. Mais quand il ha son quart an, il se peut prendre a force, tout ainsi que le Cerf de dix cors, toutes-fois qu'il court plus longuement. Dont si le Veneur destourne au matin vn Sanglier en son quart an, il doyt regarder s'il s'est retiré de bonne heure au fort: car communément Sangliers qui attendent le iour a leuer pour se retirer en leur fort, suyuans longuement les routes et chemins, principalement en pays ou il y ha de la nouzille, et de la faine, de-quoy ilz font leurs mangeures, sont volontiers meurtriers de Chiens et hardis. De telles bestes le Veneur ne doyt point craindre d'approcher, et les destourner le plus court qu'il pourra, car ilz ne s'en cuyderont pas aller pour luy: mais s'il reueoyt d'vn Sanglier qui se souille souuent, et qu'il face vn boutis en vn endroit, puis a vn iect d'arbaleste vn autre, tirant pays sans s'arrester, c'est signe que c'est vne beste effrayee, qui s'en va en quelque lieu demeurer. Telz Sangliers qui sont ainsi effrayez se retirent communément deux ou trois heures auant iour en leur fort. Et faut bien que le Veneur se donne garde d'approcher d'eux, car s'ilz prenoyent le vent de luy, et de son Chien, ilz s'en iroyent, et ne les cuideroyt iamais raprocher.

Quand vn Sanglier veut demeurer en vn fort, il fait tousiours a l'entree d'iceluy sa ruze, en quelque route ou chemin, puis entre dedans son fort pour se mettre a la bauge : et par ainsi le Veneur estant au matin au boys, pourra iuger de la malice des Sangliers, et sçelon ce qu'il verra, dressera sa meute de Chiens au laissez-courre : car a vn grand Sanglier malicieux et de repos, il le faut charger de Chiens d'arriuee, et que les piqueurs soyent tousiours meslez par-my eux, en le pressant le plus fort qu'ilz pourrent, pour luy oster le cueur : d'autant que s'ilz ne luy donnoyent que huyt ou dix Chiens, il n'en feroyt cas, et quand ilz l'auroyent vn peu eschauffé, il reprendroit son cueur, et ne feroit que tenir les abboiz, en courant sus a tout ce qu'il verroit deuant luy. Mais quand il se veoit chargé de Chiens et de piqueurs d'arriuee, qui le pressent vn petit, il s'estonne, et pert le cueur, alors est contraint de fuyr et dresser pays. Il faut mettre des relays, mais ce doyuent estre des plus vieux et sages Chiens des meutes, d'autant que si on mettoit les ieunes Chiens vistes et vigoureux aux relaiz, alors que le Sanglier auroit accourcy ses fuytes, il les pourroit tuer en telle furie. Mais si c'estoit quelque Sanglier fuyart, qui eust accoustumé de prendre les campaignes, et tirer pays, on ne luy doyt donner que huyt ou dix Chiens de la meute, et mettre les autres au relays, a l'entree du pays ou il voudra aller : car telz Sangliers ne cuydent pas tenir les abboiz qu'ilz ne soyent forcez : et quand ilz les tienent, les piqueurs y doyuent aller le plus secretement qu'ilz pourront, sans mener bruyt : puis quand ilz seront aupres du lieu ou sera le Sanglier, ilz se doyuent escarter tous autour du lieu ou il est, allans d'vne course droit a luy : et n'est poßible qu'ilz ne luy donnent vn coup d'espee. Et ne faut pas qu'ilz tienent la main basse, car ilz donneroyent dedans la hure, mais faut qu'ilz leuent la main haute, et donnent les coups d'espee en plongeant, se donnant garde le piqueur de donner au

Sanglier du costé de son cheual, mais de l'autre costé : car du costé que le Sanglier se sent blessé, il tourne incontinent la hure, qui seroit cause dequoy il tueroyt ou blesseroit son cheual. Que s'il est en pays de plaine, il doyt mettre vn manteau deuant les iambes de son cheual, puis doyt tuer le Sanglier a passades, sans s'arrester. C'est vne chose certaine que si on met des colliers chargez de sonnettes au col des Chiens courantz, quand ilz courent le Sanglier, il ne les tue pas si tost, mais il s'en suyra deuant eux, sans tenir les abboiz.

I'ay mis icy les pourtraitz, comme il faut tuer le Sanglier a pied, et a cheual, en pays foible, et en pays fort.

★ Fin de la chasse du Sanglier.

La Chaſse du Lieure.

LIEVRE ie ſuis de petite ſtature,
Donnant plaiſir aux Nobles & Gentilz :
D'eſtre leger, & viſte de nature,
Sur toute beſte on me donne le pris.

De la proprieté

De la proprieté du Lieure, & pour cognoistre le masle d'auec la femelle.

CHAP. 55.

IE COMMANCERAY aux vertuz et proprietez du Lieure, lesquelles sont grandes scelon la stature de la beste.

Premierement, le sang du Lieure est grandement dessicatif: si vous l'appliquez sur quelque rongne ou dartre, il la deseche et guarist. Le Lieure ha vn petit os dedãs la ioincture des iambes, lequel est souuerainement bon pour la colique paßion. Sa peau bruslee et mise en poudre, est vn souuerain remede pour arrester le sang d'vne playe, en l'appliquant dessus.

Le Lieure nous ha monstré l'herbe de la Cicoree sauuage, laquelle est fort bonne aux melancholiques: par autant qu'il est l'animal le plus triste et melancholicq que nul autre, et pour se guarir de sa tristesse, s'en va gister volontiers dessoubz icelle herbe, laquelle les anciẽs ont nommée PALATIVM LEPORIS, dit Palays du Lieure.

Le Lieure de sa nature cognoist de vingt et quatre heures en vingt et quatre heures la mutation du temps. Quand il va au giste, il ne veut point que l'esgail ni l'eau luy touchent, a ceste cause il suyt les grans chemins et voyes. Et bien souuent la femelle fait de petis sentiers, en couppant l'herbe et petites branches auec les dentz. Et par autant qu'il y en ha quelques vns qui sont ladres, qui suyuent les eaux, ceux la ne font point de sentiers, et ne suyuent gueres les chemins, mais font leurs ruzes dedans les eaux. Et deuez scauoir qu'on ne trouue gueres de femelles ladresses, comme on fait des masles: a ceste cause, le piqueur pourra iuger quel Lieure c'est, et ou il sera gisté, en voyant sa nuyt.

Les Lieures vont au rut communément en Ianuier, Feburier, et Mars, allant chercher les femelles iusques a sept ou huyt lieües loing d'ou ilz sont nez, suyuans les grans chemins, comme ie declaireray cy apres.

Le masle attent mieux les Chiens et de plus pres au giste, que ne fait pas la femelle, a cause qu'il se sent plus viste, le corps plus dispos et hardi.

Si au partir du giste le Lieure leue les oreilles, ne fuyant point de puissance, et qu'il retrousse la queüe sur l'eschine, c'est signe d'vn fort et malicieux Lieure. Combien que Phebus die qu'il n'y ha point de iugement entre le masle et la femelle des Lieures, si est-ce que ie luy prouueray le contraire. Car le masle ha communément son repaire ou ses crottes plus petites, plus seches, et plus aguillonnees au bout que non pas la femelle, laquelle les fait grosses, rondes, et non si seches que le masle. La raison est, que la femelle ne fait pas tant de pays la nuit et aussi qu'elle est beaucoup plus grande, qui est cause qu'elle iette ses crottes plus grosses. Par autre moyen cognoistrez le masle aux Chiens, en deffaisant sa nuict, car il bat plus les grans chemins et carreffours, prenant plus grans pays en lieux descouuertz, que la femelle, et fait ses ruzes plus sottes, et de plus grande espace : la femelle les fait plus courtes, et par lieux plus couuertz, en tournoyant, comme vn Connil, au-tour des brosses. Et si la femelle va faire sa nuict dedans les bledz vertz, elle ne trauerse gueres les seillons, mais les suyt de long, et s'arreste aux plus fortes brosses du blé pour viander, ne luy suffisant pas d'en manger son saoul, car elle le couppe, et laisse dedans les seillons. Plus on cognoist le masle, en le voyant partir du giste, par-ce qu'il ha le derriere tout blanchastre, comme s'il auoit esté plumé. Ou bien le cognoistrez par les espaules, lesquelles sont communément rouges, ayant par-my quelques poilz longs.

Semblablement le cognoistrez a la teste, laquelle il ha plus courte et plus ioffue que la femelle, le poil et barbe des ioües long, et ha volontiers les oreilles courtes, larges, et blancheastres, qui est au contraire de la femelle, car elle ha la teste longue et estroite, et les oreilles grandes, le poil de dessus l'eschine d'vn gris tirant sur le noir. Et volontiers quand les Chiens chassent la femelle, elle ne faict que tournoyer au-tour de son pays, passant sept ou huyt foys par vn mesme lieu, sans se vouloir iamais forpaiser. Le masle faict le contraire, car si les Chiens le chassent, et qu'il ayt faict deux tours au-tour de son giste, alors il prend congé de sa meute, et s'en va aucuneffois trois ou quatre lieues loing sans s'arrester, en quelque pays ou il aura esté autrefois, duquel il pourroit estre venu: car les Lieures vont aux passages a sept ou huyt lieues loing, et les pourrez cognoistre en ceste maniere. Quand vous verrez que voz Chiens trouuerront la nuit d'vn Lieure dedans les carreffours ou chemins, et qu'il aura fort ruzé sur quelques petis coustaux secz, sans auoir gueres faict de pays, ne s'estre pourmené dedans les blez, c'est signe que c'est vn Lieure qui n'est que venu, lequel se sera aresté au plus haut lieu, pour regarder le pays et le lieu ou il ira faire son giste, et pour se sauuer si les Chiens ou autres choses le rencõtroyent. Vous le pourrez encores cognoistre en ceste sorte. Communement les Lieures de passage font leur giste au couuert, par autant qu'ilz sont en doubte et crainte, et quand les Chiens les trouuent, ilz font les rompus, se faisant relancer deux ou troys foys: parce qu'il leur fasche de sortir du fort, ne sachant le pays: mais alors qu'ilz voyent que les Chiens les pressent, ilz prenent les chemins par ou ilz sont venuz, et s'en retournent en leur pays. Par ainsi si vn Lieure se faict relancer deux ou troys foys aupres de son giste, c'est signe que c'est vn Lieure de passage, qui pourra emmener les Chiens bien loing.

Des finesses & malices des Lieures, que les piqueurs doyuent entendre pour les prendre a force.

CHAP. 56.

IE veux bien dire la chasse du Lieure estre plus plaisante, et de plus grand esprit, pour les Gentilz-hommes, que de nulle autre beste, d'autant qu'ilz trouuent leur plaisir a toutes heures, et auec petis fraiz, voyant tousiours courir leurs Chiens deuant eux : par-quoy peuuent iuger, sans prendre grand' peine ne trauail, lesquelz sont les meilleurs, et mieux chassantz, requerantz, et forcenantz. Et aussi que c'est grand plaisir de veoir l'esprit de ce petit animal, et des ruzes qu'il fait pour se deffaire des Chiens. Et faut que les piqueurs y soyent fins, et d'esprit, pour entendre ses ruzes, et malices : ce que i'ay pratiqué toute ma vie, qui m'ha cause

mettre par escript vne partie des experiences qu'en auroys peu veoir, cognoistre, et entendre.

Premierement, le piqueur qui sera apres les Chiens, doyt regarder au partir du giste plusieurs pointz. Scauoir est, quel temps il fera, car si c'est en temps de pluye; le Lieure dresse et suyt plus les Chemins qu'en autre temps, et s'il arriue a quelque boys-taillis, il n'entre pas dedans, mais se relaisse au bort, et laisse passer les Chiens: puis quand ilz sont outre-passez, il s'en retourne sur ses mesmes pas par ou il sera venu, au pays ou il aura esté poussé, par-ce qu'il ne veut pas entrer dedans les fortz, a cause de l'esgail, qui est par-my le boys. A telles ruzes, le piqueur doyt demeurer a cent pas pres du boys, par ou le Lieure sera venu, car il ne faudra point a le veoir retourner sur ses pas droit a luy: et pourra a l'heure le piqueur forhuer ses Chiens, et les rappeller, d'autant qu'il seroit malaisé qu'ilz redressassent telles ruzes, par-ce qu'ilz ne cuydent pas que le Lieure suyt retourné sur luy, aussi qu'ilz penseroyent que ce fust le contrepied. Plus doyt bien regarder en quel lieu on trouuera la giste du Lieure, et de quel vent il s'est caché, car si c'est du vent de Galerne ou Hautain, il ne cuydera pas fuyr le nez dedans, mais le coustoyera, ou luy tournera le cul. Aussi que s'il fait sa giste en l'eau, c'est signe qu'il est ladre: a telz Lieures le piqueur doyt prendre garde tout le iour dedans les eaux, car il y font volontiers leurs ruzes et finesses. D'auantage, le piqueur regardera si c'est vn masle ou vne femelle, et s'il est nourry au pays, ce qu'il pourra cognoistre par-ce que i'ay declaré cy dessus: car c'est vne chose certaine qu'vn Lieure nourry au pays, et principalement la femelle, si le piqueur regarde le premier pays et cerne qu'il prendra la premiere fois au partir du giste, estant deuant les Chiens, tous les autres qu'il fera tout le iour seront par mesmes lieux, et seront par mesmes passees et musses: si ce n'est, cõme i'ay dit, quelque Lieure masle qui fust venu de loing, ou bien que les Chiens l'eussent si mal mené et laßé qu'il fust contraint d'abandonner son pays, et se forpaïser : ce qu'ilz font volontiers quand ilz ont esté chassez deux heures sans deffaut. Au commancement que les Chiens chassent les Lieures, ilz ne font que tournoyer, passant cinq ou six fois par vn lieu, et sur leurs mesmes pas. Et faut entendre que si les Chiens courantz faillent a prendre vn Lieure vn iour, le piqueur peut bien regarder le pays, et les lieux par ou il aura passé, car si vne autrefois il le retrouue, et que les Chiens le chassent, il passera par mesmes lieux, et fera mesmes ruzes qu'il aura faictes le iour qu'il se sera sauué, et par ce moyen pourra cognoistre sa malice, et le pays ou il voudra aller, et beaucoup ayder a ses Chiens.

I'ay veu vn Lieure si malicieux, que depuis qu'il oyoit la trompe, il se leuoit du giste, et eust il esté gisté a vn quart de lieüe de là, et s'en alloit nager en vn estang, se relaissant au milieu d'iceluy sur des ioncs, sans estre aucunement chaßé des Chiens : puis a la fin ie descouuris sa finesse, car ie m'en allay cacher secretement au long de l'estang pour sçauoir qu'il deuenoit, lors allay faire descoupler les Chiens là ou ie le pensoys trouuer, et incontinent qu'il oüyt la trompe, il se leua d'effroy, et s'en vint deuant moy se relaisser au milieu de l'estang, et pour pierre ou motte que ie luy sceusse ietter ne voulut bouger de là, alors ie fuz contraint me despoüiller pour le faire desloger, et attendit presque a estre pris auec la main, premier que vouloir bouger : me voyant pres de luy, il se met a la nage, et sortit deuant les Chiens, ou il courut encores l'espace de troys heures, premier que d'estre pris, nageant et faisant toutes ses ruzes dedans les eaux. I'ay veu courir Lieure bien deux heures deuant les Chiens, qui apres auoir couru venoit pousser vn autre, et se mettoit en sa giste. I'en ay veu d'autres qui nageoyent deux ou trois estangs, dont le moindre auoyt quatre vingtz pas de large. I'en ay veu d'autres apres auoir esté bien courus l'espace de deux heures, entroyent par dessoubz la porte d'vn tect a Brebis, et se relaissoyent par-my le bestiail. J'en ay veu, quand les Chiens les couroyent qui s'alloyent mettre par-my vn trouppeau de Brebis, qui paissoyt par-my les champs, ne les voulans abandonner ne laisser : dont ie fus contraint de coupler mes Chiens, et faire toucher les brebis a la bergere iusques dedans le tect : et alors qu'il veit les maisons, se depart, et s'en va, la ie descouple mes Chiens, et le pris. I'en ay veu d'autres, que quand ilz oyoient les Chiens courantz, se cachoyent en terre, J'en ay veu d'autres, qui alloyent par vn costé de haye, et retournoyent par l'autre, en sorte qu'il n'y auoit que l'espesseur de la haye entre les Chiens et le Lieure. J'en ay veu d'autres, quand ilz auoyent couru demye heure, s'en alloyent monter dessus vne vieille muraille de six piedz de haut, et s'alloyent relaisser en vn pertuys de chaffaut, couuert de lierre. I'en ay veu d'autres, qui nageoyent vne riuiere, qui pouuoit auoir huyt pas de large, et la passoyent et repassoyent en la longueur de deux cens pas, plus de vingt foys deuant moy. A ceste cause, faut que le piqueur soyt caut, et fin, pour chasser le Lieure : car il est certain que si les Chiens scauent bien prendre le Lieure a force, ilz pourront courir toutes bestes : et est le vray principe et commancement pour les dresser, et affiner le nez. Puis quand on les veut dresser pour le Cerf, ilz abandõnent aysément le Lieure, par ce que la venaison du Cerf est plus friande que celle du Lieure, et plus desiree des Chiens courantz : ausi que le Cerf ha plus grand vent et sentiment. Les Lieures ne viuent que sept ans pour le plus, et principalement les masles. Ilz ont ceste malice, que si le masle et la femelle sont accompagnez ensemble en vn pays, iamais n'y laisseront demeurer autres Lieures estranges, s'ilz peuuent, si ce n'estoyent ceux qu'ilz ont engendrez. Et pour-ce dit on : Tant plus on chasse en vn pays, et plus on y trouue de Lieures, par-ce que ceux des autres pays y viennent.

Comme on doyt dresser les ieunes Chiens pour le Lieure.

CHAP. 57.

PREMIEREMENT, a la chasse du Lieure il est requis qu'il n'y ayt que deux ou troys piqueurs pour le plus, dont faut qu'il y en ayt vn qui menace les Chiens qui demeurerõt derriere: les autres les doyuent faire chasser et requester, car s'ils estoyent grand nombre de piqueurs qui parlassent aux Chiens, ilz romproyent les erres du Lieure, ou bien estonneroyent les Chiens aux deffaux, par-ce que le Lieure fait tant de ruzes que les Chiens ne scauent aucunes-fois ou ilz en sont, et ne font que leuer la teste pour demander secours a leur maistre: lequel alors doyt prendre ses cernes et enceinctes autour du deffaut, en les resiouyssant, ce qu'il ne scauroit faire s'il estoyt foulé des piqueurs.

Celuy qui dresse et fait chasser les Chiens, doyt porter vne grande gibbeciere de toile pleine de friandizes, pour leur donner, a fin qu'ilz le cognoissent, car les Chiens veulent sur tout cognoistre leur maistre, sa voix, et sa trompe: et lors qu'il les forhuera, il cognoistra qu'ilz viendront plus tost a sa voix qu'a celle d'vn autre, laissans toutes choses pour venir a luy: aussi ne les doyt il iamais forhuer n'appeller en faute.

Et s'il aduient qu'il veüille faire retourner ou venir les Chiens a luy, pour les faire entrer en quelque taillis ou fort, il les doyt appeller en ceste sorte,

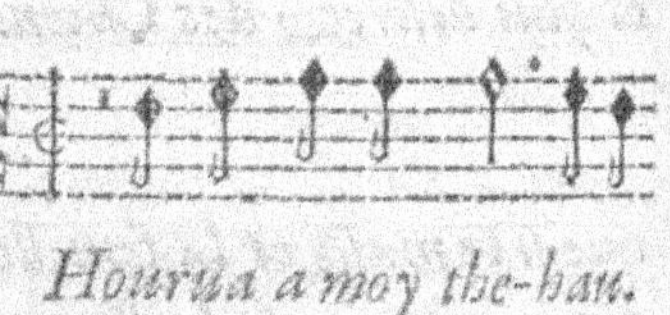

Hourua a moy the-hau.

En sonnant de la trompe vn son bien long, comme ainsi,

Tran.

Puis quand les Chiens seront tous arriuez a luy, il doyt regarder quelque belle musse ou passee, pour les faire entrer dedans le taillis: a laquelle musse il doyt ietter vne poignee de petites friandizes de sa gibbeciere, en frappãt de sa gaule, et criant:

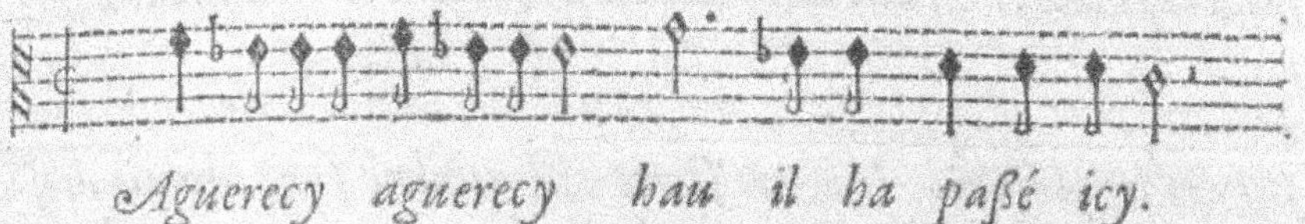

Aguerecy aguerecy hau il ha paßé icy.

Et faut entendre qu'on ne doyt iamais sonner en queste le gresle de la trompe, mais bien le gros tant qu'on voudra, si ce n'estoyt que le piqueur voulust appeller ses Chiens a luy, ou bien qu'il les voulust faire retourner d'vn pays pour aller en vn autre, comme i'ay dit cy dessus, alors pourroyt sonner vn mot long, tout seul, du gresle de la trompe. Et quand les Chiens seroyent venuz a luy, il ne faut pas qu'il s'oublie de leur ietter quelques petites friandizes, a fin de ne se moquer point d'eux. Car lors qu'il sonnera le gresle, il faut que ses Chiens entendent que le Lieure est debout, et que leur maistre les appelle ou forbue: par autãt que s'il sonnoyt le gresle en la queste, les Chiẽs n'entendroyent et ne cognoistroyent la difference d'entre la queste et le forbu.

Il faut icy noter deux secretz, dont le premier est: Que si le piqueur ha vne ieune meute de Chiens a dresser, il doyt regarder le pays ou il leur fera les premieres curees, et dequoy: car sçelon les lieux ou ilz seront dressez au cõmancement, et sçelon les bestes qu'on leur voudra faire courir, et dequoy on leur fera curee, il leur en souuiendra tousiours. A ceste cause, si au commancement qu'on dresse de ieunes Chiens, on leur accoustume d'estre descouplez et dressez aux plaines, s'ilz y poussent des Lieures, et qu'ilz y ayent plaisir, toute leur vie il leur en souuiendra. Et alors qu'on les descouplera dedans les boys, ilz ne feront cas d'y quester, mais iront chercher les plaines et champs, ou ilz auront accoustumé d'auoir plaisir, et trouuer les Lieures. Ne plus ni moins en feront ilz aux bocages, si au commancement ilz y sont dressez, et qu'ilz y ayet heu plaisir, pensant y trouuer tousiours leur gibbier. Et par ainsi il est besoing de dresser les Chiens dedans le pays ou lon se veut tenir: car Chiens courantz qui sont nourris aux plaines ne peuuent accoustumer les bocages: ne plus ne moins que ceux qui sont nourris aux bocages ne peuuent accoustumer les plaines. L'autre secret est, qu'il ne faut iamais dresser, n'accoustumer les Chiens a chasser les matinees, a cause de la rousee, et fraischeur de la terre: d'autant que si vous leur accoustumez telles fraischeurs et humiditez, et qu'apres vous les voulussiez mener a la chasse sur le haut du iour, et qu'ilz sentissent la chaleur du Soleil, et la rousee tombee, ou quelque petit vent arre, ilz ne voudroyent chasser ne quester, mais s'en iroyent chercher les ombres pour se cacher. Et par ainsi il est besoing d'accoustumer et dresser les Chiens sur le haut du iour, et non aux matinees. La droite saison pour commancer a droisser ieunes Chiens, est en Septembre, Octobre, et Nouembre: par-ce que le temps est temperé, et que les chaleurs ne sont trop vehementes, et aussi que les ieunes Lieures sont sotz, et n'ont point de corps, ne sachant faire encores leurs ruzes et malices, et se font relancer plusieurs foys deuant les Chiens, lesquelz y prenent fort grand plaisir, et se dressent mieux qu'ilz ne feroyent pas s'ilz fuyoient, et s'esloignoyent d'eux.

Il est tout certain que les Lieures ont plus grand' senteur, et sont mieux couruz des Chiens quand ilz viandent et paissent les bledz vertz, qu'en toutes autres saisons de l'annee. Toutesfois il y en ha qui de nature ont plus grand' senteur les vns que les autres, et qui sont plus desirez des Chiens, comme les grans Lieures de boys, et ceux qui sont ladres, lesquelz se tienent pres des eaux. Mais les petis Lieures rouges, qui sont du genre des Connilz, n'ont pas si grand sentiment, et ne sont pas tant desirez des Chiens courantz que les autres. Ceux qui viandent sur les pelouzes ou petis coustaux d'vne herbe qui se nomme Serpolet, ou Poliot, sont communément fortz Lieures, et courent longuement. Aussi il y ha des Lieures plus malicieux les vns que les autres, et principallement les femelles, car elles font leurs ruzes plus courtes, et plus souuent que ne font pas les masles, ce que les Chiens n'ayment pas : par-ce qu'il fasche a Chiens vigoureux et de cueur de tournoyer si souuent, d'autant qu'ilz desirent vne beste qui fuye deuant eux, pour courir a leur force. A telz Lieures qui ruzent si souuent, il est requis de faire les cernes grans, a fin d'enclorre toutes leurs ruzes, et n'en trouuer que la sortie : ce faisant on abbrege bien leur force, et les contraint on de ne ruzer plus. Il y en ha aussi qui fuyent les chemins et voyes, desquelz les Chiens ne peuuent auoir sentimēt, a cause qu'il n'y ha branche, herbe, n'aucune humidité ou ilz touchassent du corps, par ou les Chiens en peussent assentir, ainsi qu'ilz feroyent s'ilz estoyent en autres lieux couuertz, comme boys, bledz, et autres fraischeurs. Et pour-ce quand le piqueur trouuerra telz Lieures, et qu'il verra le deffaut de ses Chiens en vn chemin, il les doyt pousser outre tout le long du chemin, les suyuans tousiours iusques a ce que les Chiens en trouuent la sortie, ou bien qu'il ayt trouué vne petite valee ou fraischeur par le milieu du chemin, ou les Chiens en peussent auoir sentiment. Et luy-mesmes doyt mettre pied a terre, regardant en la poudre, ou autres lieux, pour en reuoir par pied, ce qu'il cognoistra aysément, car la forme du pied du Lieure est ague, et faicte a la semblance d'vne pointe de cousteau, ayant ses petis ongles fichez tous droitz en terre, qui marqueront tout au tour, venant tousiours en appointissant : d'autant que iamais le Lieure, quand il fuyt, n'ouure les ongles, comme font les bestes puantes, mais tient tousiours sa patte serree, en forme d'vne pointe de cousteau. Il y ha aussi certains pays et saisons ou les Chiens n'ont

aucun sentiment des Lieures : comme en Hyuer, au pays des plaines, ou les terres sont grasses, et fortes : par-ce que le Lieure ha la patte pleine de poil, et quand il fuyt, la terre qui est grasse se prent de contre, laquelle il emporte auec le pied, qui couure et oste tout le sentiment que les Chiens en pourroyent auoir. Et aussi qu'aux plaines il n'y ha ne branches ni herbes ou il peust toucher du corps, non plus que dedans les chemins. D'auantage, il faut entendre qu'il y ha aussi certains moys esquelz les Chiens n'ont point de sentiment, comme a la saison du Prin-temps, a cause de la vehemente odeur et senteur des fleurs, qui outrepasse celle du Lieure. Semblablement, faut se donner garde de mener les Chiens a la chasse, quand la terre est gelee, car ilz se dessoleroyent les piedz, et perdroyent les ongles : qui est au contraire des Lieures, qui courent mieux en ce temps la, qu'en autre, a cause qu'ilz ont les piedz fourrez.
Il faut parler aux Chiens quand ilz chassent en mesmes termes qu'on parle a la chasse du Cerf, fors aux forbuz, car en lieu de crier, Thia Hillaud, il faut crier, Vaulecy aller: et mesmes sons de trompe, excepté en la queste, auant que le Lieure soyt bouté, car on ne doyt sonner que le gros, comme i'ay dit cy dessus.

Vous deuez entendre ce secret, qui est, que quand on dressera des Chiens courantz, on ne leur doyt iamais donner curee auec les Leuriers : par-ce que si on accoustume de faire prendre les Lieures aux Leuriers deuant les Chiens courantz, depuis qu'on crira et forbuera, les Chiens courantz ne feront que leuer la teste, pensant tousiours veoir le Lieure deuant les Leuriers, sans vouloir mettre le nez en terre, ne faire semblant de quester ne de chasser. Mais les droytes curees qu'on doyt donner a ieunes Chiens, doyuent estre auec vieux Chiens courantz, sages, lesquelz les dresseront et apprendront a faire leurs cernes.

En quel

En quel temps & saison on doyt chasser le Lieure pour le prendre a force. Et comme il le faut faire quester, requerir, & lancer aux Chiens.

CHAP. 58.

LA DROITE venerie et saison pour prendre le Lieure a force auec les Chiens courantz, commance a la my-Septembre, et finist a la my-Auril, a cause des fleurs, et vehementes chaleurs qui commancent a regner, qui oste aux Chiens le sentiment du Lieure. Dont en Septembre les piqueurs doyuent commancer a donner curee a leurs Chiens, et les renoueller : car en ce temps la les Lieures sont ieunes et foibles, comme i'ay dit, et ainsi que la saison se passe, leur force et vertu s'augmente. Ne plus ne

moins est il des Chiens, car tant plus ilz courent, et ont de curees, et plus sont ilz meilleurs et vigoureux : et aussi que l'Hyuer s'approche qui augmente les fraischeurs. Et lors que les Chiens ont passé deux ans, on les peut champayer, et mener a la chasse trois foys la sepmaine, car ilz en valent mieux.

Quand le Seigneur voudra aller a la chasse, le valet de Chiens doyt regarder le temps et la saison ou il sera, a fin d'aller chercher le Lieure aux gaignages, sçelon qu'ilz seront en celuy temps, comme aux menus bledz, auoynes, prez, et autres lieux ausquelz il doyt descoupler ses Chiens. Puis s'il y ha quelques Chiens qui vienent a rencontrer de la nuict du Lieure, le piqueur se doyt arrester tout court, et les laisser faire. Et alors qu'il verra qu'ilz commanceront a leur assembler, et eschauffer tous ensemble, il les doyt resioüyr en parolles ioyeuses, et nommer ceux qu'il verra qui feront le mieux, comme disant, Hau Gerbaud, Hau Myraud, ou est il allé ?

Il est tout certain que les Chiens ont plus grand sentiment au viandy du Lieure, qu'ilz n'ont pas quand il en sort, pour aller en son giste, combien qu'il s'en aille de meilleur temps. La raison est, quand vn Lieure est aux champs, et qu'il viande, il s'aßied volontiers, et touche du corps a terre : außi qu'il passe plusieurs-fois par vn lieu, et en passant et prenant son viandy, il donne senteur aux herbes de son haleine, ou bien y laisse ses crottes ou repaire : qui est l'occasion pourquoy les Chiens y ont plus grand sentiment qu'ilz n'ont pas quand il en sort, par-ce que quand il sort de son viandy pour aller au giste, il suyt volontiers les grans chemins, routes, ou sentiers, y faisant ses ruzes et malices, en bondissant et allant le plus legerement qu'il peut. A ceste cause, quand le piqueur verra que ses Chiens auront deffait la nuict du Lieure au viandy, et qu'ilz commanceront a trouuer la sortie par ou il dresse pour aller a son giste, ce qu'il fait communément par quelques petis sentiers ou chemins, il les doyt laisser faire, et aller tout bellement apres eux, sans se haster : et s'il veoit que ses Chiens tombent en deffaut, c'est signe que le Lieure ha fait vne ruze, et qu'il est allé et venu sur luy. Alors doyt crier Hau ou est il allé, Horua a moy Theau, sans bouger du lieu ou il sera, car s'il approchoit pres d'eux, il les feroyt outre-passer les erres du Lieure, et là les doyt faire requester, en les regardant faire, et les resioüyssant de la bouche. Et s'il aduenoit que ses Chiens ne peussent deffaire les ruzes dedans les routes ou chemins, il doyt prendre ses cernes autour de là, par les fraischeurs, et lieux plus commodes pour le nez de ses Chiens: par-ce que s'il trouue la sortie des ruzes que le Lieure pourroit auoir faictes dedans les chemins, pour entrer en quelque taillis ou fort, alors ses Chiens le pourront aller querir aysement, et luy-mesmes doyt battre les brosses auec la gaule, pour leur ayder a le bouter. Et s'il aduient qu'il trouue quelque vieux giste, il doyt mettre la main a la gibbeciere, et ietter quelque friandise dedans, et appeller tous ses Chiens a luy, en criant, Ha guerecy, Theau voy le lict. Et faut noter que le piqueur doyt auoir vn loppin de lart grillé, enueloppé en sa gibbeciere, de-quoy il doyt frotter le bout de sa gaule, car par la pourra accoustumer ses Chiens a venir sentir le bout d'icelle. Et alors qu'il les voudra faire passer a vne musse, il n'aura qu'a mettre le bout de sa gaule en terre, et les appeller, ilz ne faudront a venir incontinent, se batans a qui passera le premier. Et si d'auanture les Chiens ne trouuoyent le Lieure sorty de ses cernes, le piqueur doyt ramener tout bellement ses Chiens au lieu ou aura esté son deffaut, et regarder de quel costé le Lieure auoyt la teste tournee quand il est entré dedans le chemin : et s'il l'auoyt tournee aual, il doyt appeller ses Chiens, et les faire quester des deux costez fort longuement : car aucunes-fois les Lieures suyuent les chemins, pour faire leurs ruzes, plus d'vn grand quart de lieüe, sans en vouloir sortir. En telz lieux les Chiens n'en peuuent auoir sentiment a cause de la poußiere, et autres raisons que i'ay dictes cy dessus, et les Lieures demeurent souuent sur le bord des chemins, ou bien pres de là, a ceste cause celuy qui menera les Chiens les doyt faire quester aux costez. Et si tous ces cernes ne pouuoyent encores redresser les Chiens, le piqueur peut bien penser que le Lieure ha fait vn houruary sur luy, et pourra rappeller ses Chiens de là ou il vient, en foullant et battant tout autour, en prenant ses cernes plus grans : et n'est poßible que les Chiens ne redressent les erres, ou qu'ilz ne le boutent: toutes-fois qu'ilz passeront bien souuent dessus quelques Lieures, premier qu'ilz vueillent sortir de la giste, ou bien se laisseront prendre dedans. Combien que ie loüe grandement de veoir deffaire la nuict du Lieure aux Chiens, et l'aller querir et pousser en la giste, si est-ce qu'il me semble que c'est vne chose trop longue, et de peu de plaisir, par autant qu'ilz ne font que balancer et troller. Mais seroit beaucoup plus court, et de plus grand plaisir de le trouuer et chercher en la maniere qui s'ensuyt.

Quand trois bons piqueurs seront ensemble, et qu'ilz verront que les Chiens rencontreront de la nuict d'vn Lieure, en quelques bledz, ou autres gaignages, ilz doyuent regarder la saison ou ilz seront, et quel temps il fera, car si c'est au Printemps ou Esté, les Lieures ne se gistent pas au fort, a cause des Fourmis, et autres Barbotz, et des Serpens et Laisardz, qui les chassent des fortz, alors sont contraintz de leur gister dedans les bledz, gueretz, et lieux foibles. En Hyuer ilz font le contraire, car ilz se gistent en quelques gros halliers ou fortz, principalement quand les ventz de Galerne et Hautain regnent, lesquelz ilz craignent grandement. Or donc sçelon le temps et les lieux ou ilz verront que les Lieures seront au giste, ilz y doyuent appeller leurs Chiens, et battre tout de rang, et en accoustrant les Chiens a telles questes, ilz trouuerront plus de Lieures, et auront plus de plaisir, que non pas de leur apprendre a deffaire la nuict. Et pourront dresser leurs Chiens de telle sorte, qu'en frappant vn coup de gaule sur les brosses, les Chiens se battront a qui entrera le premier, comme sont les Chiens d'oyseaux a la remise des Perdrix.

Quand le Lieure sera lancé et bouté, le piqueur s'en doyt aller sur les voyes, et appeller tous ses Chiens, en forbuant, et sonnant de la trompe, sans bouger du lieu ou il sera, iusques a ce que ses Chiens ayent tous passé deuant luy. Puis quand il les verra tous outre-passez, et ameutez sur les erres du Lieure, il les doyt suyure tout bellement sans approcher d'eux, ne les presser, et sans gueres crier, ne sonner de la trompe: par-ce qu'au commancement que les Chiens l'ont bouté, la chaleur les transporte volontiers, et si le piqueur les pressoit, il les eschaufferoit encores d'auantage, qui seroit cause qu'ilz outrepasseroyent les erres. Mais quand ilz ont couru l'espace d'vne heure, et qu'ilz sont bien eschauffez sur les fuytes, il pourra approcher de ses Chiens, par-autant qu'ilz auront perdu la chaleur, et qu'ilz commanceront a courir sagement. Et sur tout, il doyt regarder les premieres ruzes et malices que fera le Lieure, comme i'ay dit cy deuant, et se gouuerner tout le iour par la: car toutes les autres qu'il fera sembleront a icelles. Et sçelon les ruzes qu'il verra, et le pays ou il sera, il doyt faire ses cernes, grans ou petis, longs ou estroitz, en cherchant les lieux les plus commodes, et plus fraiz pour le nez de ses Chiens.

Il y ha deux façons de prendre le Lieure a force, qui sont, que les vns le prenent sans forbuer, mais suyuent seulement les Chiens par ou ilz vont, sans abbreger les ruzes. Et me semble que ceste prise est la plus honorable, d'autant qu'on congnoist la bonté, force, et vigueur des Chiens.

Les autres le prenent autrement, car depuis qu'ilz ont veu faire le premier cerne a vn Lieure, et qu'ilz ont heu cognoissance du pays qu'il tient en ses fuytes, ilz vont gaigner les deuantz pour le veoir a veüe : et en cest endroit forhuent leurs Chiens abbregeans les ruzes. Et quand les Chiens sont dressez en ceste sorte, ilz sont de si bonne creance, qu'ilz laissent leur droit pour aller au forhu, qui est cause que les Lieures ne courent que bieu peu deuant eux. Et certes qui veut faire grande execution de prendre Lieures, ie loüe grandement les Chiens qui prenent de grans cernes en leurs deffaux : toutes-fois que pour bien veoir chasser, il n'est que Chiens qui suyuent le droit. Mais pour abbreger les Lieures, ie donne la loüange a ceux qui prenent les grans cernes, par-ce qu'ilz enueloppent dedans toutes les ruzes et malices des Lieures.

I'eusse descript plus amplement le moyen de bien haller les Chiens, mais d'autant que i'en ay donné intelligence, tant en la venerie du Cerf, qu'aux chappitres cy deuant, traitans des malices et ruzes des Lieures, par lesquelz chappitres les piqueurs peuuent cognoistre entierement tous les secretz et moyens de s'y gouuerner, et aussi qu'il y ha tant de bons maistres qui entendent l'estat, ie me suis deporté d'en faire plus ample recit.

Comme on doyt faire la curee du Lieure aux Chiens.

CHAP. 59.

QVAND le Lieure sera pris, il faut que le valet de Chiens couppe de petites gaules ou houßines bien deliees a vn arbre, puis prendra le Lieure, et le portera en quelque beau lieu, sus de l'herbe la plus nette qu'il pourra trouuer. Alors le piqueur descendra de Cheual, qui sonnera la mort du Lieure, pour appeller tous ses Chiens. Ce fait, le valet de Chiens deffendra la curee des Chiens, auec ses gaules, lesquelz abboyront tout autour de luy. Le piqueur sonnera tousiours, comme dessus, en frottant ses Chiens auec la main, leur monstrant le Lieure, en disant, Va le mort. Puis le prendra et l'ouurira, apres le despouillera deuant eux, en luy ostant le pas, le poulmon, et la peau, lesquelz il encruchera en quelque arbre, de peur que les Chiens en mangent, par-ce qu'ilz leur sont fort contraires, tellement qu'ilz en tombent malades. Quand le Lieure sera despoüillé et ouuert, le piqueur prendra le pain, fourmage, et autres friandizes, lesquelles il mettra dedans le corps du Lieure, a fin de les arrouzer et brunir de sang. Puis prendra le Lieure, duquel ostera les espaules et la teste, qu'il mettra en sa gibbeciere, pour donner a quelqu'vn de ses ieunes Chiens, lequel n'aura osé approcher de la curee. Alors le valet de Chiens aura sa corde toute preste pour bien attacher le Lieure par quatre ou cinq lieux, a fin de faire tirer ses Chiens, et qu'vn n'emporte pas tout : puis le cachera, et s'en ira a cent pas de là porter son forbu. Ce pendant le piqueur estendra sa curee de fourmage, et autres friandizes, brunyes du sang du Lieure, sur l'herbe nette, et la deffendra des Chiens auec sa gaule. Cela fait, il commancera a sonner pour Chiens, et leur laissera manger la curee, en les resioüyssant, et frottant les costez, sonnant incessamment pour Chiens. Quand la curee sera pres-que acheuee, le valet de Chiens qui sera, comme dit est, a cent pas loing du piqueur, doyt forbuer ses Chiens auec la trompe : soudain le piqueur les menacera, et fessera auec la gaule, en criant, Escoute a luy valet. Alors le valet de Chiens leur monstrera le Lieure, le tenant le plus haut qu'il pourra auec les mains : et doyt tenir sa corde par vn bout, a laquelle le Lieure sera attaché par l'autre bout. Puis quand il verra ses Chiens tous autour de luy, il iettera son Lieure au milieu d'eux, et leur laissera manger, apres les doyt mener boire auant que les coupler. Et encores pour bien faire, les faut ramener au logis tous descouplez, a fin de les laisser paistre, par ce qu'ilz sont subietz a estre malades quand ilz ont mangé de la chair de Lieure : puis doit auoir du pain, pour leur donner apres la curee, s'ilz en veulent manger, de peur qu'ilz ayent mal au cueur, et qu'ilz rendent leur gorge.

* Fin de la chasse du Lieure.

La Chasse des Regnardz, & Tessons.

Comme il faut dresser les petis Chiens de terre, pour la chasse des Regnardz & Tessons.

CHAP. 60.

APRES *auoir parlé de la chasse des Chiens courantz, ie feray icy vn petit traicté de la chasse des Chiens de terre, et comme on les doyt dresser pour prendre Regnardz, Tessons, et leurs semblables.*

Il faut entendre premierement, que nous auons de deux especes de Bassetz, desquelz nous disons la race estre venue des pays de Flandre, et d'Artoys : dont les vns ont les iambes torses, et sont communément a court poil, les autres ont les iambes droites, et sont volontiers a gros poil, comme Barbetz. Ceux qui les ont torses, coulent plus aysément en la terre que les autres, et sont meilleurs pour les Blereaux, d'autant qu'ilz y demeurent plus longuement, tenans mieux sans sortir. Ceux qui ont les iambes droites seruent a deux mestiers, par-ce qu'ilz courent sur terre comme Chiens courantz, et entrent de plus grand' fureur et hardiesse en terre que les autres, mais ilz n'y demeurent pas si longuement, d'autant qu'ilz se tormentent a combatre les Regnardz et Tessons, ce qui les contraint d'en sortir pour prendre l'air. Il s'en trouue de bons et de mauuais des deux especes. Or par-ce que la chasse en est belle, et furieuse, sans grand trauail ne peine, i'ay bien voulu icy descrire le moyen de dresser les Bassetz, et les mettre a la chair.

Premierement, on doyt commancer a dresser les Bassetz des l'eage de huyt a dix moys, car si vn Basset n'entre en terre a son an, a peine luy pourra on iamais faire entrer. Et se faut bien donner garde au commancement qu'on les dresse de les rudoyer, ne que les Tessons ou Regnardz les blessent en terre, par autant que s'ilz y estoyent battus ou outragez, ilz n'y voudroyent plus retourner. A ceste cause on ne doyt iamais faire entrer les Bassetz es terres ou il y ayt de vieux Tessons ou Regnardz, que premier ilz ne soyent dressez, et qu'ilz n'ayent leur an accomply. Encores faut il mettre tousiours vn vieux Basset deuant eux qui endurera la fureur des Tessons. Vous pouuez dresser les Bassetz et mettre a la chair en plusieurs manieres, dont la premiere est, qu'en la saison que les Regnardz et Tessons ont leurs petis, il faut prendre tous les vieux Bassetz, et les laisser aller en terre : puis alors qu'ilz commanceront a abboyer, on doyt tenir tous les ieunes au-pres des pertuis vn a vn, de peur qu'ilz se battent, et leur faire escouter les ab-

boiz. Apres que les vieux Regnardz ou Tessons seront pris, et qu'il n'y aura plus que les petis, faut prendre tous les vieux Bassetz, et les coupler, puis laisser aller les ieunes, les hardissant en terre, en criant, Coule a luy Basset, Coule a luy, hou, prenez, prenez. Et alors qu'ilz tiendront quelque ieune Tessonneau ou Regnardeau, il leur faut laisser estrangler dedans la tranchee ou pertuys, se prenant bien garde que la terre ne tombe sur eux, de peur qu'elle leur nuyse. Ce fait, faudra porter tous les petis Tessonneaux ou Regnardeaux au logis, et en faire fricasser les foyes et le sang, auec du fourmage, et de la gresse, puis leur en faire curee, en leur monstrant la teste de leur gibbier. Apres que les Bassetz auront mangé la curee, ou bien au par-auant, il les faut lauer d'eau tiede, auec du sauon, pour faire tomber la terre, qui sera meslee entre le poil et la peau, car autrement ilz pourroyent deuenir galleux, d'vne galle qui seroit fort difficile a guarir. On les peut encores dresser en vne autre maniere, sçauoir est: Il faut faire prendre de vieux Regnardz ou Tessons tous vifz, par les vieux Bassetz, et auec des tenailles propices a ce faire, cõme pourrez veoir en pourtraicture cy apres les prendre, et leur couper toute la maschoüere de dessoubz, la ou sont fichez les grans crochetz, et ne toucher point a celle de dessus, par autant qu'elle monstrera tousiours la fureur de la beste, sans pouuoir blesser ne faire mal. Apres faut faire faire des terres en vn pré, lesquelles doyuent estre assez larges a fin que les Bassetz ayent espace de leur tourner et virer, et entrer deux tout de front, puis couurir les terres d'ais, et de gazon. Cela fait, on doyt mettre le Tesson dedans, et lascher tous les Bassetz ieunes et vieux, leur donnant courage, et les enhardissant comme l'art le requiert. Et quand ilz auront assez abbayé, faut frapper sept ou huyt coups de besche au costé, pour leur donner hardiesse quand on beschera. Puis faudra leuer les ais a l'endroit ou sera le Tesson, et le prendre auec les tenailles, en le tuant deuant eux, ou bien le faire estrangler a quelque Leurier, pour leur en faire curee. Et faut auoir du fourmage en vne pochette, pour leur ietter soudainement sur leur gibbier, quand il sera mort. Et si d'auanture on ne vouloit rompre la maschoüere de dessoubz du Tesson, il luy faut coupper tous les crochetz, et toutes les maistresses dentz, de peur qu'il morde, et face mal.

Du naturel & complexion des Regnardz & Blereaux.

CHAP. 61.

Tout ainsi

TOUT ainsi qu'il y ha deux especes de Baßetz, il y ha semblablement deux especes de Teßons, et de Regnardz, sçauoir est, des Teßons, de Porchins et de Chenins : et des Regnardz, de grans, et de petis Goupilz. Combien que plusieurs veulent dire que les Teßons sont tous d'vne mesme sorte, et qu'il n'y ha point de difference entre les Porchins et Chenins, si est-ce que ie leur prouueray le contraire, tant par la couleur et façon des bestes, que par leur naturel.

Le naturel des Porchins est tel, qu'au sortir de leurs terres ilz font volontiers leur fiante : et ne la font iamais qu'ilz ne facent vn petit pertuis auec le bout du nez, ou bien auec l'ongle, puis fiantent dedans, ce que ne font pas les Chenins: et font les Porchins plus communément leurs cauernes dedans le sable, et autres terres aysees a mouuoir, qu'ilz ne font pas ailleurs, et en lieux descouuertz, pour auoir la chaleur du Soleil, dormans incessamment : außi y preuent ilz plus de gresse que les Chenins. Quant au pelage, les Porchins sont plus blancheastres, et ont le poil de deßus le nez, et de deßoubz la gorge beaucoup plus blanc que n'ont pas les Chenins, et si le corsage en est vn peu plus grãd, la teste et le nez plus gros : combien qu'il y ha peu d'apparance si on n'y regarde de bien pres. Le naturel des autres, qu'on appelle Chenins, est tel, et les cognoistra on en ceste maniere. C'est qu'ilz vont au pourchatz plus loing que les autres, faisant leur fiante au loing, de telle façon que celle des Regnardz. Ilz se tiennent volontiers dedans les fortes terres, ou dedans les rochiers, faisant leurs fosses et cauernes plus profondes et estroictes que non pas les Porchins : toutes-fois qu'il n'y ha pas tant de meres ne de carrefours qu'en celles des Porchins, d'autant qu'ilz ne peuuẽt pas mouuoir les terres fortes et rochiers, cõme les autres font le sable, et les terres mouuantes. Ces deux especes ne se tiennent point ensemble, et a peine les pourra on trouuer a vne lieüe pres l'vne de l'autre. Les Chiens de terre craignent bien plus les Chenins que les Porchins, car ilz sont plus mauuais, et plus puantz. On les pourra encores cognoistre au pelage, lequel est tel. Les Chenins ont la gorge, le nez, et les oreilles iaunastres, comme la gorge d'vne Martre, et sont beaucoup plus noirs et plus hautz sur iambes que les autres. Les deux especes viuent de toutes chairs, et mesmes vont aux charongnes. Ilz sont grand dommage aux garennes, et principalement aux petis lapreaux, qui sont dedans les raboulieres, car ilz perçent droit dessus la rabouliere, la ou le Regnard suyt du long. Ie leur ay veu prendre deuant moy les petis cochons de laict, lesquelz ilz traynoient tous vifz en leur terrier. C'est vne chose certaine qu'ilz en sont plus friandz que de toutes autres chairs, car si on passe vn carnage de Porceau par dessus leurs terriers, il ne faudront iamais de sortir pour y aller. Ilz viuent de toutes sortes de gibbiers, comme oyes, pouletz, et leurs semblables: ie le sçay par experience, car i'en ay nourry de priuez iusques en l'eage de quatre ans: ilz sont plaisans et de bonne nature, sans mordre ne faire aucun mal, ne faisant que ioüer auec les petis Chiens, et dormir la reste du temps: et quand ie les appelloys, ilz venoyent a moy comme Chiens, me suyuant la part ou i'alloys. Ilz sont fort froidureux, et si on les laisse en quelque chambre ou il y ayt du feu, ilz s'en yront coucher dedans, et se brusleront les piedz, lesquelz sont fort difficiles a guarir. Ilz se nourrissent de pain, de petis osseletz, fourmage, fruitage, raisins, barbotz: somme, ilz mangent de tout ce qu'on leur veut donner. Quand il nege, ou fait autre fort temps, ilz ne sortent point hors de leurs cauernes aucunes-fois de deux ou troys iours, ce que i'ay veu par experience: quand la nege estoit tombee deuant leur pertuys, ie ne trouuois point qu'ilz fussent sortys, et y suis allé par deux matins ensuyuans, et au dernier les trouuay sortis, ou ilz alloyent pourchasser leur vie. C'est plaisir de leur veoir amasser le bourre, comme paille, fougere, fueilles, et autres choses, ilz assemblent tout en vn monceau, puis auec les quatre iambes et la teste en portent et traynent autant en vn coup en leurs cauernes, qu'vn homme en sçauroit porter d'vn bras soubz son aisselle. Ilz ont ceste malice, qu'alors qu'ilz se voyent abboyez des Bassetz, ilz ferment le pertuys de leurs cauernes apres eux, de peur que les Bassetz les suyuent. Et si on les fait abboyer deux ou trois foys dans les terres, ilz remuent leur mesnage, et s'en vont en vn autre lieu. Ilz viuent longuement, et quand ilz sont bien vieux, les vns deuienent aueugles, qui ne peuuent sortir de leurs fosses : si se sont les masles, les femelles les nourrissent, et si se sont les femelles, les masles font le semblable. Ilz meurent aussi de d'artres qui leur vienent par tout sur la peau, comme lon veoit venir aux Chiens : qui est la raison pourquoy on doyt lauer les Bassetz, comme i'ay dit cy dessus, par-ce que la terre engendre les dartres. I'ay veu toutes ces choses cy dessus mentionnees par experience.

Les Tessons sont de dure vie, car i'ay veu plusieurs-fois de bons et fortz Leuriers apres les Tessons qui les mordoyent si asprement qu'ilz fasoyent sortir leurs trippes hors du ventre, encores se deffendoyent, et ne vouloyent pas mourir. C'est vne chose certaine que les Tessons craignent le nez grandement, aussi ne leur sçauroit on donner si petit coup de baston dessus qu'ilz ne meurent soudainement.

Quant a la chasse des Regnardz, il y ha peu de plaisir, principalement en la terre, par-ce que depuis qu'ilz sentent les Bassetz qui les abboyent, ilz bouclent, et sortent soudainement dehors, excepté en la saison que les femelles ont leurs petis, lesquelz ilz ne veulent abandonner. Ilz font volontiers leurs terres en lieux mal-aysez a bescher, comme dedans des rochiers, ou soubz quelques arbres, et n'ont qu'vne mere, qui va fort loing, laquelle est fort estroicte.

Quand les Bassetz ont vne fois acculez les Regnardz, ilz se deffendent quelque peu, mais ce n'est pas de telle vigueur et hardiesse que les Tessons, et n'ont la morsure si dangereuse. Si on prent vne Regnarde en la saison qu'elle est en amours, et qu'on luy couppe la nature, et le boyau qui la tient, auec ce les petis roignons, qui sont cause de l'engendrement, qui est ce que les chatreux ostent aux Chiẽnes quand ilz les sennent, puis mettre le tout, couppé par petis loppins, en quelque petit pot, tout chaudement, et prendre du Galbanum, et le mettre dedans, en meslant le tout ensemble, et couurir le pot, de peur que le tout s'esuente, cela se pourra garder toute l'annee, qui seruira alors qu'on voudra faire quelque trainee pour faire venir les Regnardz, en prenant du cuyr ou coüanne de lard, la mettant sur le gril, puis quand elle sera bien grillee, et toute chaude, il la faut tremper dedans le pot ou est la nature de la Regnarde, et le Galbanum, et en faire toutes les trainees: alors vous verrez que les Regnardz vous suyuront par tout. Mais il faut que celuy qui fera la trainee, frotte la semelle de ses souliers de bouze de Vache, de peur qu'ilz ayent le vent de ses piedz. Voyla comme il faut faire venir les Regnardz pour les prendre au pege, et pour les tuer au soir auec l'arbaleste. C'est vne chose certaine, que si on frotte vn Basset de souffre, ou d'huyle de cade, et qu'on le face entrer en des terres, ou il y ayt des Regnardz ou Tessons, ilz se remueront de là, sans y retourner de deux ou trois moys.

Comme il faut bescher, & prendre les Regnardz & Tessons, & des instrumentz qu'il faut auoir pour ce faire.

CHAP. 62.

TOVS Seigneurs qui voudront exercer la chasse des Chiens de terre, il faut qu'ilz soyent equippez et garnis des choses qui s'ensuyuent. Premierement, d'vne demye douzaine de forts hommes pour bescher, d'vne demye douzaine de bons Chiens de terre, pour le moins, qui ayent chascun vn collier au col, large de troys doigts, et garny de sonnettes, pour l'entree des terres, a fin que les Tessons s'acculent plus tost, et aussi que les colliers les garderõt d'estre blessez.

Et a l'heure qu'on verra les Tessons acculez, ou que les Bassetz soyent las, et hors d'haleine, ou bien que les sonnettes fussent pleines de terre, il faudra prendre les Bassetz, et leur oster les colliers : mais au commancement ilz seruent grandement, d'autant que le Tesson s'en accule plus tost. Plus, pour reuenir au propos, le Seigneur doyt auoir sa petite charrette, là ou il sera dedans auec la fillette, aagee de seze a dix et sept ans, laquelle luy frottera la teste par les chemins. Il doyt auoir demye douzaine de mantes, pour ietter contre terre, a fin d'escouter l'abboy des Bassetz : ou bien pourra porter vn lict plein de vent, lequel on pourra faire en ceste maniere. Il faut coudre des peaux ensemble en carré, et de la grandeur d'vne paillace, et que les coustures en soyent aussi subtiles que celles d'vne bale : puis quand tout sera bien cousu tout autour, il faudra mettre a vn des coings vn petit buffet, en façon de celuy d'vne bale ou d'vne cornemuse, qui se ferme de luy-mesmes quand le vent sera dedans, puis l'emplir auec vne seringue, ou auec vn bon souflet, fait a la semblance de celuy d'vn Orfebure. Toutes les cheuilles et paux de la charrette doyuent estre garnis de flaccons et bouteilles, et doyt auoir au bout de la charrette vn coffre de boys, plein de coqs d'Inde froidz, iambons, langues de Beuf, et autres bons harnois de gueule. Et si c'est en temps d'Hyuer, il pourra faire porter son petit pauillon, et faire du feu dedans pour se chauffer, ou bien donner vn coup en robbe a la nymphe. Les instrumentz pour bescher, doyuent estre premierement des tarieres, de deux sortes de pietes : sçauoir est, de larges et d'estroites, vn coupant fait en façon d'vne piete, lequel doyt estre aceré pour couper les racines, vne besche fort large, pour tirer la terre, vne racle pour ouurir les meres et gouletz, de laquelle on tirera la terre hors, des tenailles pour arracher et tirer les Tessons des pertuis, des paelles de fer et de boys, des sacz pour mettre les Tessons visz dedans, vne paelle ou autre vaisſeau pour faire boire les petis Chiens. Et faut que le Seigneur marche en bataille de ceſte façon, equippé de tous les ferrementz cy deſſus mentionnez, a fin d'aller donner l'aſſaut aux gros Teſſons et Vulpins en leur fort, et rompre leurs chaſmates, plocu, paraſpetz, et les auoir par mine et contre-mine, iuſques au centre de la terre, pour en auoir les peaux a faire des carcans pour les arbaleſtiers de Gaſcongne. I'ay pourtrait cy apres la forme et façon de chaſcun des ferrementz.

Les ferrementz.

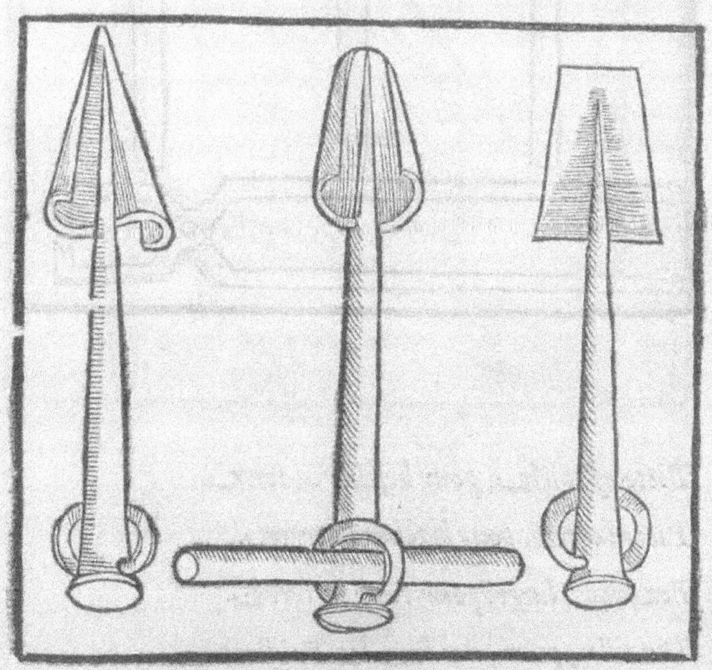

Tariere pointue, pour faire la premiere perce.
Tariere ronde, pour percer et enleuer la terre.
Tariere plate, pour fermer les meres.

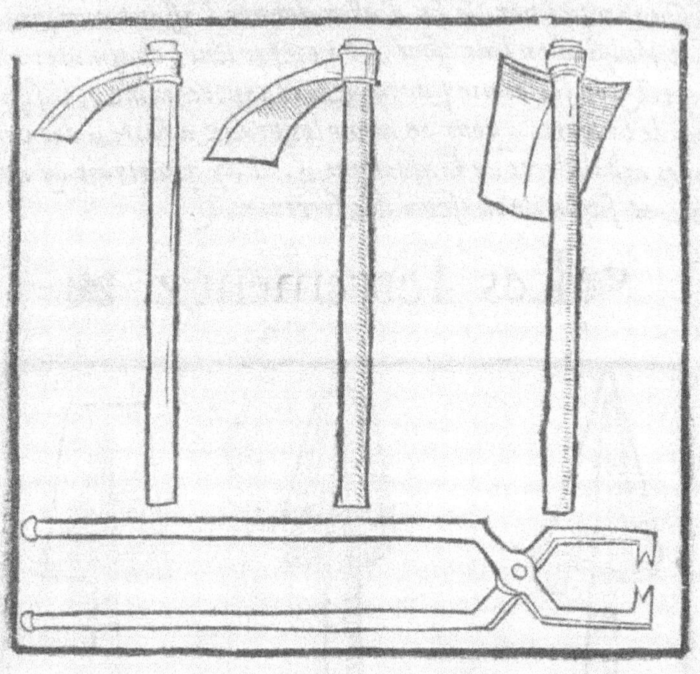

Piete estroicte, pour bescher la terre.

Piete large, pour bescher la terre.

Bezoche large, pour tirer la terre.

Tenailles, pour prendre les Taissons.

Paelle de fer, pour bescher.

Racle, pour nettoyer les meres et pertuys.

Coupant aceré, pour couper les racines.

Paelle de boys, pour ietter la terre.

Comme on doyt lascher les Bassetz scelon les terres qu'on veoit. Et ce qu'on doyt faire pour bescher & miner les Tessons.

CHAP. 63.

IL FAVT icy entendre que premier que lascher les Bassetz, on doyt regarder les terres quelles elles sont, et le lieu ou elles sont situees, et là ou sont les accuiz, car autrement on feroit tout au rebours de la chasse, d'autant que si les terres estoyent en pante de coustaux, il est requis de mettre les Bassetz par le dessoubz, deuers la vallee, a fin d'acculer les Tessons sur le haut du coustaut, là ou les terres ne sont pas si profondes, pour les bescher plus aysement.

Autrement, si les terres estoyent en vne motte, et qu'elles fussent toutes rondes, la motte estant assise en lieu plat, il faut mettre les Bassetz aux pertuis qui sont les plus hautz, sur la sommité de la motte. Mais premier que de les lascher en telles terres, on doyt frapper vingt ou trente coups de la teste des pietes sur le haut des terres, a fin de faire desloger les Tessons du milieu d'icelles, pour les faire descendre aux acculz, qui sont au bas de la motte. On doyt tousiours lascher a l'entree deux ou trois Bassetz, a fin qu'en leur fureur ilz puissent desbranler et departir les Tessons, qui seront ensemble, et les chasser aux acculz. Ilz ont vne malice de se faire abboyer aux careffours, et tienent fort en telz lieux contre les Bassetz. A l'heure qu'on veoit qu'ilz sont aux abboiz en telz endroitz, il est requis frapper deux ou trois coups de piete, et s'ilz ne veulent desloger pour telle chose, il faut soudainement mettre la tariere ronde pour les descouurir. Et alors qu'on verra qu'ilz seront a l'accul, on ne doyt pas percer au droit d'eux, mais faut percer au droit de la voix du Basset, pour autant que si on perçoit droit sur eux, ilz retourneroyent dedans les grandes terres, et forceroyent le Basset, a ceste cause il faut percer, comme i'ay dit, au droit de la voix du Basset, auec la tariere ronde, car elle enleue sa terre sans qu'elle tombe dedans: puis soudainement mettre la tariere plate dedans le pertuis du rond, a fin qu'il ferme la mere tout au trauers, de peur que le Tesson reculast sur le Chien. Et s'il est possible d'enfermer le Chien par le derriere de la tariere, il seroit fort bon, car si c'estoit par le deuant, les Tessons le pourroyent battre et rudoyer: par-ce qu'aucunes-fois il s'en trouue en vn accul six ou sept, qui pourroyent battre et rebuter le Chien. Quand la mere est fermee de la tariere plate, il faut faire soudainement la tranchee auec les pietes et paelles, a fin d'auoir espace pour ranger vn homme dedans: et a l'heure laisser entrer les Bassetz en la tranchee, et les faire abboyer en ce lieu, la ou on veoit batailles et assaux de toutes façons. Il se faut donner garde que les Tessons ne se couurent de terre, ce qu'ilz font volontiers quand ilz sont acculez, tellement que les Bassetz sont aucunes-fois dessus, et ne sçauent ou ilz sont allez. Puis quand on ha descouuert leur chasmate et fort, il faut auoir les tenailles pour les arracher: mais il y ha mistere a les prendre, par-ce que si on ne les prent qu'au corps, ilz mordent et blessent les Chiens quand on les tire dehors, toutes-fois on les peut prendre en ceste sorte: il faut ouurir les tenailles, et leur en mettre la moytié en la gueule, l'autre moytié par le dessoubz de la machouere, puis serrer les tenailles, et vous le tiendrez par les maschoüeres de dessoubz, car si vous le preniez par la maschoüere de dessus du costé du nez, il mourroit soubdainement. Et alors que le tiendrez auec les tenailles, il le faut tirer et mettre dedans le sac, puis le porter en quelque court ou iardin renfermé de murailles, et le laisser aller, mettant les petis Bassetz apres: quand il sera eschauffé, il viendra assaillir les hommes comme fait vn Sanglier. Et a telle chasse il est requis d'estre botté, car plusieurs-fois il m'ont emporté le lopin de la chausse, et la chair qui estoit par dessoubz. I'eusse traicté plus amplement de ceste chasse, mais par-ce que peu d'hommes y prenent plaisir, i'en ay escript succinctement.

⁎ Fin de la Venerie.

Receptes

Receptes pour guarir les CHIENS DE PLVSIEVRS MALADIES.

LES Chiens sont subietz a plusieurs maladies, mais la plus grande de toutes, c'est la rage, dont il y en ha sept especes. La premiere est appellee la rage chaude, et desesperee, laquelle ne se peut guarir, par-ce qu'elle est tant ennemye du sang, qu'incontinent que le venin est meslé par-my, il le brusle et infecte soudainement: et alors que la ceruelle sent les fumees de ce venin, elle se tormente de telle façon que soudain elle fait desesperer et trauailler le corps de ces pauures animaux, comme on peut veoir par experience. On cognoist les Chiens qui ont ceste espece de rage en plusieurs sortes. Premierement, quand ilz courent ilz leuent la queüe toute droite, ce qu'ilz ne font pas en toutes les autres rages. Ilz courent sus a tout ce qu'ilz trouuent deuant eux, tant aux bestes d'aumaille, qu'autres, sans regarder par ou ilz passent, soit au trauers des riuieres ou estangs: et si ont la gueule fort noire, et sans escume. De ceste espece de rage, ilz ne courent que troys ou quatre iours pour le plus, a cause du mal et trauail que leur donne ceste maladie. Quand ilz ne peuuent plus aller, ilz hurlent vne façon d'hurlement tout casse, et rance, non pas naturel, comme s'ilz estoyent sains. Toutes les bestes qu'ilz morderont, tant Chiens qu'autres animaux, s'il en sort du sang, ilz enrageront sans aucun remede.

La seconde espece de rage se nomme rage courante, laquelle est semblablement incurable, mais la morsure n'en est pas si veneneuse ne dangereuse enuers les autres animaux, que de l'autre, par-ce qu'elle ne tient pas incessamment. Et quand vn Chien est enragé de ceste espece de rage, le premier Chien qu'il mort au commancement du iour, emporte tout son venin, et sera en danger d'enrager: mais tous les autres qu'il mordera apres la reste du iour, ne cuyderont pas enrager. Quand ilz ont telle rage, ilz ne courent a bestes, ne a hommes, qu'aux Chiens, et s'en vont escoutans pour oüyr les abboiz des autres Chiens, a fin de les aller desbrayer et mordre. Ilz suyuent les grans chemins, et mettent la queüe entre les iambes, trotans comme fait vn Regnard: ilz peuuent viure neuf moys pour le plus. Ces deux especes de rage, sont les plus dangereuses de toutes les autres. Et quand les Chiens veulent enrager de ces deux especes, on le cognoist en ceste sorte. Premierement, ilz ne mangent que bieu peu. Ilz sentent les autres Chiens, et apres les auoir sentis, ilz les mordent en les cherissant, et demenant la queüe. Ilz font de grans souspirs en souflant du nez : ilz ont vn regard de trauers et triste. Ilz courent les mousches et papillons. Et y ha assez d'autres signes fort apparans, que ie laisse a cause de breueté. Quand on veoit telz signes, il les faut oster d'auec les autres, et les enfermer, car leur haleine pourroit infecter, et faire enrager les autres Chiens, par-ce que telles maladies se prenent entr'eux, comme la peste entre les hommes.

Les autres cinq especes de rage ne sont pas si dangereuses de beaucoup car les Chiens n'en courent et n'en mordent point, dont ie les pense plus tost maladies que rage : combien que Phebus et plusieurs autres, ont nommé toutes les sept especes rages incurables, si est-ce que i'ay guary des Chiens de rage de cinq especes cy dessoubz mentionnees, auec les Receptes que mettray en apres par escript. Ces cinq especes de maladie ou rage, se nomment en ceste sorte.

La premiere s'appelle rage mue, laquelle tient dedans le sang, et la cognoistrez en ceste façon. Les Chiens qui l'ont ne veulent point manger, et ont tousiours la gueule ouuerte, mettans la patte dedans, comme s'ilz estoyent ennossez, et se cachent volontiers en lieu frais, et humide.

La seconde rage s'appelle la rage tombante, par-ce qu'alors que les Chiens l'ont, s'ilz sont de bout, et qu'ilz cuydent marcher, ilz tombent par terre comme s'ilz auoyent le mal de saint Iehan : ceste rage les tient en la teste.

La tierce rage s'appelle sastree, par-ce que le mal est dedans les boyaux, qui les fait retirer de telle sorte qu'ilz sont si platz qu'on les perceroit auec vne aguille.

La quarte s'appelle la rage endormie, laquelle vient d'vne espece de petis vers, qui leur vienent dedãs l'orifice de l'estomach, et sont engẽdrez d'vne corruption d'humeurs dõt les vapeurs et fumees leur montent au cerueau, qui les fait dormir incessament, ainsi meurent en dormant. La cinquiesme et derniere espece de rage, s'appelle reumatique, par-ce qu'alors qu'elle tient les Chiens, la teste leur enfle grosse, et ont les yeux iaunes, de la couleur d'vn pied de Milan.

Quand les Chiens sont malades de ces maladies, ilz ne cuydent pas manger, et viuent huyt ou neuf iours sans faire aucun mal, puis meurent de faim. Car il faut entendre que le Chien ha ceste nature, qu'alors qu'il sent mal au dedans du corps (i'entendz des maladies qui leur suruiennent sans estre blessez) ilz ne mangent iamais qu'ilz ne soyent guaris. Et par exemple le pouuez veoir, quand quelque Chien est malade, et qu'on luy donne de la gresse, il ne la mange que premier il ne soyt allé paistre de l'herbe, et qu'il n'ayt rendu sa gorge, et soyt guary.

Il y ha plusieurs hommes qui ont voulu dire que le ver qui vient soubz la langue du Chien, est la cause de le faire enrager, ce que ie leur nie: combien qu'on dye que le Chien ne court pas si tost en ceste maladie, quand il ha le vers osté de la langue. Ie m'en rapporte a ce qui en est.

Ces maladies prenent entre les Chiens pour s'halener et frequenter les vns auec les autres. Et est besoing, si quelque Chien ha ces maladies en vn chenin, d'oster tous les autres, et les remuer en vn autre lieu: car, comme i'ay dit cy dessus, telles maladies se prenent entre les Chiens comme la peste entre les hõmes.

Les receptes pour guarir des cinq especes de rage. Et premierement de la rage mue.

QVAND vn Chien aura la rage mue, pour le guarir, il faut prendre le poix de quatre escuz du iust de la racine d'vne herbe nommee Spatula putrida, dicte Passe-rage, laquelle ha la fueille comme Iris, toutes-fois qu'elle est vn peu plus noire: et mettre ce iust en vn petit pot plombé, puis prendre le poix de de quatre escuz du iust des fueilles d'vne herbe nommee l'herbe du Cru, autrement Helebore noir, puis le poix de quatre escuz du iust de l'herbe de la Rue. Si les herbes ne rendoyent iust, faut prendre la decoction d'icelles. Et quand tous les iustz seront ensemble, il faut mettre autant de vin blanc comme de iust de Rue. Puis faudra passer tous les iustz des herbes, et le vin blanc, en vn beau linge net, et mettre tout en vn verre. Ce fait, faut prendre deux dragmes de Scamonee, sans estre preparee, et la mesler par-my tous les iustz: puis prendre le Chien auec vne seruiette, et luy ouurir la gueule, en luy mettant dedans vne oüillette, ou entonnoir, ou vne corne de Beuf percee, et luy faire aualler le tout, en luy tenant vn peu la teste leuee, de peur qu'il rende sa gorge. Apres luy auoir baille ceste medecine, on le doyt saigner auec vn cousteau, comme lon saigne les Cheuaux en la gueule: sçauoir est, aux dentelеures, qui sont en la maschoüere de dessus, au palais, qui est par le dedans de la gueule, et luy couper deux ou troys dentelеures, a fin qu'il saigne plus fort. Puis mettrez reposer le Chien sur la paille, et il guarira. Vous notrez que l'herbe que le vulgaire appelle corne de Cerf, ou dent de Chien, est souueraine pour toute rage, si on fait boire au Chien huyt dragmes du iust d'icelle herbe, auec vn peu de sel.

Recepte pour la rage tombante, qui procede du cerueau.

IL faut prendre le poix de quatre escuz du iust de la fueille ou graine d'vne herbe qu'on nomme Paonia, en François Peaune, i'entens de celle qui porte graine. Puis prendre le poix de quatre escuz du iust de la racine d'vne herbe nommee Bryonia, en Françoys du Parc, laquelle herbe vient dedans les hayes, et ha la racine grosse comme la iambe d'vn homme. Puis prendre le poix de quatre escuz du iust d'vne herbe qu'on nomme Croisette, en Latin Cruciata: puis prendre quatre dragmes Destafiacre bien broyé, *et en poudre, et le mesler auec tous les iustz des dessusdictes herbes, et faire boire le iust au Chien, comme dessus. Cela fait, il luy faut fendre les oreilles pour le faire saigner, ou bien le saigner de deux veines qui vienent par le dedans des espaules des iambes de deuant, qu'on appelle pour les Cheuaux les arcs. Et si d'auanture on voyoit que la medecine fist peu d'operation pour la premiere fois, il la faut reiterer.*

Recepte pour la rage endormie, laquelle procede de vers.

P*RENEZ le poix de six escuz de iust d'Absince, et le poix de deux escuz d'Aloe en poudre, le poix de deux escuz de poudre de corne de Cerf bruslee, auec deux dragmes d'vne drogue nommee Agaric, puis mesler les iustz, et les poudres ensemble. Et si vous voyez qu'il y ayt faute de iust, et que les poudres fussent trop espesses, pour faire aualler au Chien, il y faut mettre du vin blanc, iusques au poix de quatre ou six escuz, puis faire aualler le tout au Chien, comme dessus.*

Recepte pour la rage reumatique, laquelle vient en iaunisse.

I*L faut prendre le poix de six escuz du iust ou decoction de la racine de Fenoil, le poix de quatre escuz du iust ou decoction de Guy, qui croist dedans les Aubepins, le poix de quatre escuz du iust ou decoction de Lierre, le poix de quatre escuz de poudre ou marc de la racine de Polipode, qui croist dedans les chesnes, et mettre le tout en vn petit poilon, et le faire bouillir auec du vin blanc, puis quand il sera refroidy vn peu, il le faut soudain faire aualler au Chien, comme dessus.*

Recepte pour la rage flastree.

QVAND a la rage flastre, qui tient dans les boyaux, et plusieurs autres maladies, comme goutes, estrusleures, refroidissemens, et toutes autres maladies engendrees de froides causes, elles se guarissent par baings et estuues, dont la recepte s'ensuyt.

Recepte des baings pour guarir les Chiens des maladies venues de froides causes.

IL faut prendre deux grandes poisles, tenantes chascune six seaux, esquelles vous mettrez en chascunes d'icelles dix ioinctees de chascune espece des herbes qui s'ensuyuent. Sçauoir est, dix iointees d'vne herbe nommee Armoise, dix iointees de Romarin, dix iointees de Sauge menue, dix iointees de racines ou fueilles de Guymauues blanches, dix iointees de racines ou fueilles d'Hyebles, dix iointees de fueilles ou racines de Fenoil, dix iointees de Marachemin blanc, ou de Melisse, dix iointees de Rue, dix iointees d'Enulacampana, sçauoir est fueille et racine, dix iointees de Lapaces, dix iointees de Buglosse, et de Melilot : et mettre le tout dedans les susdictes poiles, lesquelles faut emplir de deux partz d'eau, et le tiers de vin, et faire le tout boüillir ensemble, iusques a ce qu'il soit consommé du tiers, puis quand les herbes seront bien cuytes, il faut prendre les poiles, et ietter toutes les herbes et leur decoction en vne pippe, en laquelle faut mettre quatre seaux de bonne et forte lie de vin : puis prendre lesdictes poiles, et les remettre sur le feu comme elles estoyent au par-auant, les emplissans le tiers vin et eau, comme dessus : apres faut auoir vn sac neuf, et aller chercher des fourmieres et gros fourmis rouges, lesquelz faut prendre auec les œufz, et toutes leurs coques, puis les mettre bouillir et consommer dedans lesdictes poiles, auec troys ou quatre picotins de sel: et quand le tout sera bien consommé iusques a la tierce partie, et que l'eau sera bien grasse, il faut verser le tout dedans la pippe ou ha esté versee la premiere decoction, et laisser reposer toutes les choses susdictes ensemble, iusques a ce que le tout soyt vn peu plus chaut que tiede: et a l'heure mettrez les Chiens malades dedans, les faisans baigner l'espace d'vne bonne heure, sans sortir. Mais il se faut donner garde d'eux, en les tenant, de peur qu'ilz se noyent, ou euanoüyssent dedans la pippe. Puis apres les faudra mettre en quelque lieu bien chaudement, là ou ilz ne prenent point de vent, de peur qu'ilz se morfondent et refroydissent, et les faut baigner quatre ou cinq iours ensuyuans, en faisant rechauffer l'eau, car ceste premiere decoction pourra seruir pour tous les baings. Et auant que de mettre les Chiens malades, la premiere foys, dedans le baing, il les faut purger en ceste sorte.

Recepte pour purger les Chiens auant que les mettre dedans le baing.

PRENEZ vne once et demye de casse, bien mundee, deux dragmes et demye d'Estafiacre en poudre, et deux dragmes et demye de Scamonee, preparee dedans du vin-aigre blanc, auec quatre onces d'huyle dolif: et destrempez le tout ensemble, en le faisant vn peu chauffer sur le feu, puis le faictes aualler au Chien vers le soir, sans luy donner a manger, et le lendemain le mettrez dedans le baing a ieun.

Baing pour lauer les Chiens quand ilz ont esté mordz de Chiens enragez, de peur qu'ilz enragent.

QVAND les Chiens sont mordz ou desbrayez de Chiens enragez, il faut incontinent emplir vne pippe d'eau, puis prendre quatre boisseaux de sel, et les iecter dedans, en meslant fort le sel auec vn baston, pour le faire fondre soudainement: et quand il sera fondu, faut mettre le Chien dedans, et le plonger tout, sans qu'il paroisse rien, par neuf fois: puis quand il sera bien laué, faut le laisser aller, cela l'empeschera d'enrager.

Autre recepte par motz preseruantz de la rage.

I'AY appris vne recepte d'vn Gentil homme en Bretaigne, lequel faisoit de petis escripteaux, ou n'y auoit seulement que deux lignes, lesquelz il mettoit en vne omelette d'œufz, puis les faisoit aualler aux Chiens qui auoyent esté mordz de Chiens enragez, et y auoit dedans l'escripteau, TRAM QVI RAM CAFRAM CAFRATREM CAFRATROSQVE. Lesquelz motz disoyt estre singuliers pour empescher les Chiens de la rage, mais quant a moy ie n'y adiouste pas foy.

Des maladies de la galle, des dartres, gratelles, & rongnes des Chiens.

IL y ha quatre especes de galles, sçauoir est la galle rouge et menüe, qui enfle les iambes des Chiens. La galle dartree, laquelle vient large comme la paume de la main, qui enleue le Cuyr des Chiens. La galle commune appellee rongne. La galle noire, qui est soubz le cuyr, laquelle fait tomber tout le poil. Desquelles galles la rouge est la pire, et plus mal aysee a guarir, par-ce qu'elle est engendree de morfondeures, que les Chiens prenent l'hyuer en passant les eaux, et a coucher en lieux humides, sans estre chauffez, ne sechez : ou bien leur vient pour estre nourris aux boucheries a manger le sang des Beufz et Vaches, qui leur eschauffe le corps. Telles especes de galles se doyuent guarir en ceste sorte. Il faut premierement purger le Chien de la medecine que i'ay mise cy dessus pour le baing : puis le lendemain luy tirer enuiron deux onces de sang, d'vne veine qui est entre la corde du iarret et l'os de la iambe, puis a deux iours de la, on le doyt frotter d'vn onguēt fait selon la recepte qui s'ensuyt.

Recepte pour faire guarir les Chiens de la galle, des dartres, gratelles, & rongnes.

IL faut prendre troys liures d'huyle de noix, vne liure et demye d'huyle de cade, deux liures de vieux oingt, troys liures de miel commun, de vin-aigre vne liure et demye : le tout bien bouilly ensemble, iusques a la consommation de la moytié dudit vin-aigre. Puis y adioustrez de la poix ou geme, et poix-resine, de chascune espece deux liures et demye, de cire neufue demye liure. Et ferez fondre le tout ensemble, en le mouuant tousiours auec vn baston de palme ou de canne. Et quand le tout sera fondu, il y faut mettre les poudres qui s'ensuyuent, estant le tout hors du feu, et premier, vne liure et demye de souffre, deux liures de coperose recuyte, douze onces de verdet, en mouuant tousiours le tout iusques a ce qu'il soyt froid. Cest onguent peut guarir toutes especes de galles, tant fortes soyent elles, et faut premier que de frotter les Chiens de cest onguent, les lauer auec de l'eau et du sel, pour leur mondifier le cuyr : puis mener les Chiens aupres d'vn grand feu, et les frotter, et enfondre bien cest onguent : cela fait les attacher aupres du feu, auec vne chaine de fer, et les laisser suer là l'espace d'vne bonne heure et demye, en leur donnant de l'eau a boire *tout leur ſaoul. En apres les faut nourrir de bons potages, et de chair de mouton, boüillie auec quelque peu de ſoufre, pour leur rechauffer le corps, et auec de bonnes herbes, en leur continuant l'eſpace de huyt iours.*

Autre recepte pour les dartres.

LA galle dartreuſe prouient a aucuns Chiens, de nature ou de race, ou bien en vieilleſſe: laquelle galle ſe peut guarir en ceſte ſorte: Il faut premierement prendre le Chien, et oſter le poil des endroitZ ou ſont les dartres, puis faut auoir du lexif, du vin-aigre, et du ſel, et le frotter fort, iuſques a ce que les dartres ſaignent, puis quand elles ſaigneront, faut prendre d'vn onguent dont la recepte ſ'enſuyt. Prenez vne liure d'vn onguent appellé Vnguentum enulatum, demye liure d'vn autre onguent appellé Pompheligos, deux liures d'huyle de noix, poix ou geme vne liure, vne liure d'huyle de cade, demye liure de ſuye, demye liure de ſoufre, demye liure de vitriol vert, litarge d'or quatre onces, ceruZe quatre onces, verdet quatre onces, alun de glaZ ſix onces: le tout bien en poudre boüilly et incorporé enſemble, auec demye liure de vin-aigre. Et ſera vn onguent propice pour la maladie ſuſdicte, en frotant les Chiens, comme deſſus.

Recepte pour la rongne commune.

LA rongne commune prouient aucunes-fois par faute que les Chiens n'ont point d'eau nette pour boyre a leur heure, et en ſouffrent, ou bien prent pour coucher ſalement, comme es lieux ou ont eſté les Porceaux, ou ſur de la paille ſalle ou auroyent couché d'autres Chiens galleux, ou bien vient ceſte galle de morſondures. Telles galles ſont aiſees a guarir, ſans les frotter de drogues, mais ſeulement du iuſt ou decoction d'herbes, dont la recepte ſ'enſuyt.

Prenez deux ioinctees de Cresson sauuage, autrement appellé Berne, et deux ioinctees d'Enula-campana, vulgairement appellee Leaune, des fueilles ou racines de Lapace, de la racine de Roerbe, de chascune deux iointees, et des racines de Frodilles, pesant la quantité de deux liures : puis piler toutes ces herbes et racines, et les faire bien boüillir auec du vin-aigre, et vn peu de lexif. Apres que tout aura bien boüilly, faut passer la decoction ou bien le iust d'icelles herbes et racines, et adiouster parmy lesditz iustz ou decoction, deux liures de Sauon commun, et le faire fondre dedans : puis quand il sera fondu, lon en frottera et lauera les Chiens par quatre ou cinq matins ensuyuans, et ilz guariront. Les receptes sont veritables, car ie les ay esprouuees.

Recepte pour guarir les Chiens des louppes.

IL suruient aucunes-fois aux Chiens des louppes, et pour bien les guarir, il faut regarder les lieux ou elles sont, d'autant que si elles estoyent en endroitz sur le corps du Chien ou il y eust abondance de venes ou arteres, elles seroyent fort difficiles a oster en telz endroitz. Celuy qui les ostera, se doyt gouuerner en ceste maniere.

Il faut premierement entendre qu'il y ha deux manieres de les guarir, l'vne par incision, et l'autre par recepte, comme ie declaireray cy apres. Celuy qui voudra vser d'incision, doyt regarder combien il y ha de venes qui entrent dedans ou dessus la louppe, puis faut qu'il ayt vne aguille, laquelle doyt auoir la pointe carree, et vn peu courbee, et l'ensilera de bon filet, en passant son aguille par dessoubz la vene, et la tirera : quand le filet sera par le dessoubz, il le noüera par dessus la vene, en l'estraignant le plus qu'il pourra, puis coupera le filet, et laissera la vene bien liee, et en fera autant a toutes les autres venes qui seront dedans la louppe, de peur qu'elles rendent du sang quand il quand il fera son incision. Et alors qu'il verra toutes les venes bien liees, il prendra son razouer, et cernera la louppe tout autour, laissant la lieure de venes par le dehors de son enciseure : car il faudra que les venes soyent liees au commancement des racines de la louppe, puis couppera et enleuera sa louppe, et tout incontinent prendra vn fer chaut pour cauterizer les petites fibres et arteres. Puis il fera son premier appareil de sang de Dragon, de moyeux d'œufz, de la poudre de linge brusle, broyé auecq' du vin-aigre : et faut emmuseler le Chien de peur qu'il arrache le filet, qui tient les venes attachees. Et faut panser le Chien tous les iours, auec du lard fondu en l'eau, meslé auecq' du Pompholigos, battu en vn mortier de plomb : mais il se faut bien prendre garde que les venes ne saignent.

Autre recepte a ce mesme approuuee.

IL FAVT prendre trois grosses espines noires, alors qu'elles seront toutes vertes, et fraischement cueillies, faictes les tremper vingt et quatre heures dedans le sang des fleurs des femmes, puis les graissez toutes troys de ce venin : et les piquez dedans le milieu de la louppe, tant qu'elles y pourront entrer : et si d'auanture elles n'y pouuoient entrer, il faut faire ouuerture auec vn poinson, ou vne grosse espingle, et ficher les espines dedans, sans les bouger qu'elles ne tombent d'elles-mesmes, ce fait les louppes mourront peu de temps apres.

R

Recepte pour faire mourir les puces, poulz, & vermines des Chiens, & les nettoyer.

IL faut prendre deux iointees des fueilles de Berne, et deux iointees des fueilles de Lapace, et deux iointees de Mente, lesquelles herbes ferez boüillir en lexif de sarment, et adiousterez par-my, deux onces Destafiacre en poudre: puis quand le tout aura boüilly, faut passer les herbes subtilement, et prendre la decoction, en laquelle adiousterez deux onces de Sauon, auec vne once de Safran, et vne ioinctee de Sel, et meslerez le tout ensemble, et en lauerez le Chien.

Recepte pour faire mourir, et tomber les vers.

IL faut prendre des escorces ou eschalles de noix, autrement appellees Tam, et les pilez bien fort, estans bien macerees et trempees, les mettrez en vn pot, auec vne chopine de vin-aigre par dessus, et les laisserez tremper enuiron deux heures. Ce fait, ferez boüillir au feu, deux ou troys ondes, voz drogues susdictes: puis les passerez en vn beau linge blanc, et en mettrez la decoction en vn pot, en y adioustant les poudres qui s'ensuyuent: sçauoir est, vne once d'aloé eupatic, vne once de corne de Cerf bruslee, vne once de poix-resine, en brassant toutes les poudres par-my la decoction. En apres prendre le Chien, et auec la pointe d'vn cousteau faire tomber quatre ou cinq vers, et mettre le ius dedans, et ilz tomberont et mourront soudainement.

Autre recepte a ce mesmes.

IL faut prendre du fiel de Beuf, de la poix-resine en poudre, aloé en poudre, chaux-viue en poudre, soufre-vif en poudre, et destrempez le tout dedans le fiel, en faisant comme dessus, et les vers tomberont et mourront.

I'eusse bien mis par escript les receptes des Anciens, lesquelz mettoyent le poil des Chiens nom-per dedans vn Fresne, ou Cormier, mais telles choses abusent les hommes.

Recepte pour les Chiens mordz de Serpens, & Viperes.

PRENEZ *vne poignee d'herbe nommee la Croisette, ou Cruciata, vne poignee de Rue, vne poignee de la fueille d'vn arbrisseau nommé Caßis, autrement Poyure d'Hespagne, vne poignee de l'herbe de Boillon blanc, autrement appellee Blonde, vne poignee de Genetz, vne poignee de Mente : et pilez fort toutes les herbes susdictes, puis quand elles seront bien pilees et conquassees, il faut prendre vn verre de vin blanc, et faire le tout bouillir, vne onde seulement, en vn petit pot plombé, et en prendre le iust ou decoction, auecq' le poix d'vn escu de Theriacle meslé par-my : puis prendre le Chien, et luy en faire aualler vn plein verre, et luy en lauer la morsure, mettant vne fueille de Boillon blanc par dessus, liee d'vne branche de genetz, et il guarira.*

Recepte pour faire guarir les Chiens de la morsure des Sangliers, & autres bestes mordantes.

LES *Chiens sont souuent blessez des Sangliers en plusieurs parties de leurs corps, et sçelon les lieux et endroitz ou ilz seront blessez, il se faut gouuerner pour les panser : car si c'est au ventre, et que les trippes leur tombent, sans estre offensees ne rompues, le valet de Chiens doyt soudainement prendre le Chien, et luy remettre les trippes bien doucement dedans le ventre, auec le bout des doigtz, en la maniere que fait vn chatreux quand il senne les Chienes, puis couper vne petite laische ou plataine de lard, et la mettre au dedans du ventre, au droit du pertuys, et faut qu'il ayt vn carrelet tout prest, et coudre la peau par dessus. mais faut entẽdre qu'a tous les pointz qu'il sera, il doyt noüer son filet, car autrement s'il n'estoyt noüé, et que le filet pourrist en vn des pointz, tous les autres se laisseroyent aller, et par ainsi il est requis de noüer et couper le filet a chascun point. Autant en pourra il faire par toutes les blessures, qui seront aux autres lieux, y mettant tousiours vn lardon, et coudre comme dessus, entretenant tousiours la playe grasse de lard, ou de gresse seulement: parce que le Chien se guarira plus tost de sa langue, s'il se peut licher, que de tous les onguentz dequoy on le sçauroit frotter. L'aguille doyt estre carree vers la pointe, et ronde depuis le milieu iusques au chas ou pertuis: telles sortes d'aguilles se nomment carreletz, desquelles les Barbiers vsent. Les valetz de Chiens ne doyuent point aller a la chasse du Sanglier qu'ilz ne soyent garnis de telles aguilles, auec du lard pour mettre dedans les playes.*

Recepte pour les Chiens qui ont esté rompuz & foulez des Sangliers, sans estre blessez.

IL aduient aucunes-fois que les Sangliers foulent les Chiens du bout de la hure, sans les blesser, comme aux endroitz des costes, aux hanches et lieux nerueux. Si de fortune ilz auoyent quelque chose demoly ou rompu, on les doyt faire habiller: mais s'ilz n'estoyent que foulez, on doyt faire vne emplastre auec les drogues qui s'ensuyuent.

Prenez de la racine d'vne herbe appellee Symphiton, vulgairement Consolide, emplastre de Melilot, poix ou geme, et huyle rosat, autant pesant des vns que des autres, lesquelles dictes drogues vous meslerez toutes ensemble, et ferez vne grande emplastre sur de la toile, puis vous couperez le poil au droit du lieu ou sera la douleur du Chien, et y appliquerez vostre emplastre, la plus chaulde qu'il la pourra endurer, et il guarira.

Recepte pour les Chiens qui ont des vers dedans le corps, lesquelz ne peuuent vuyder.

IL aduient aucunes-fois que les Chiens ont de grans vers, qui leur sortent du fondement, lesquelz ilz ne peuuent vuyder. A telles maladies faut faire la recepte qui s'ensuyt. Prenez du iust d'Absince le poix de deux dragmes, deux dragmes d'Aloé eupatic, deux dragmes Destafiacre, vne dragme de corne de Cerf bruslee, vne dragme de soufre, le tout pilé et incorporé ensemble, auec de l'huyle de noix, iusques a la valeur de demy verre, et faictes aualler toutes les choses susdictes au Chien, et il guarira soudainement.

Restraintif pour les Chiens aggrauez.

QVAND les Chiens sont aggrauez et dessolez, on leur doyt faire les restraintifz en ceste maniere.

Prenez vne douzaine de iaune d'œufz, lesquelz vous battrez auec quatre onces du iust ou decoction d'vne herbe qui vient sur les rochiers, appellee Pilozelle, vulgairement Oreille de Chat, ou bien auec du iust ou decoction de pommes de Grenades boüillies auec du vin-aigre, et en deffaut desdictes choses pourrez prendre le vinaigre tout simple: puis quand les œufz seront bien battus, vous y adiousterez de la suye bien subtilement broyee en poudre, et meslerez le tout ensemble, et en frotterez les piedz des Chiens, les enueloppans auec du linge. Ce fait, laisserez reposer les Chiens tout le long du iour, et de la nuict, et ilz guariront.

Recepte pour faire mourir les chancres, qui viennent aux oreilles des Chiens.

PRENEZ du Sauon le poix d'vn escu, d'huyle de Tartre, le poix d'vn escu, de Sel armoniac, le poix d'vn escu, du Soufre et Verdet, le tout soyt incorporé ensemble, auec du vin-aigre blanc, et de l'eau forte, et en frottez par neuf matins le chancre.

Recepte pour garder les Chiennes d'entrer en chaleur.

DONNEZ *a manger a vne Chienne, auant qu'elle ayt porté des Cheaux, par l'espace de neuf matins, par chascun matin, neuf grains de poiure, et elle n'entrera iamais en chaleur. Et les luy ferez aualler auec du fourmage, ou autre chose.*

Recepte pour faire pisser les Chiens.

IL *aduient aucunes-fois que les Chiens ne peuuent pisser ou par effortz qu'ilz ont faitz, ou par chaleur de reins. A telles maladies faut faire la recepte qui s'ensuyt.*

Prenez vne poignee de fueilles de Guymauues, autant de fueilles ou grenes d'vne herbe nommee Archaquange, laquelle se trouue communément par les vignes, racines de Fenoil, racines de Ronces, autant pesant des vnes comme des autres, et ferez le tout bouillir ensemble auec du vin blanc, iusques a la consommation de la tierce partie, puis le ferez boire et aualler au Chien, et il pissera, et sera guary.

Recepte pour les Chiens qui ont mal dedans les oreilles.

PRENEZ *du veriust, et le mettez en vne escuelle, puis le faictes vn peu chauffer, et adiousterez dedans de l'eau de la fueille et fleur d'vn arbrisseau vulgairement appellé Troesne, ou de l'eau de la fleur de Cheure-fueil, qui croist par-my les hayes, auec du miel aussi gros comme le bout du doigt, lequel mesterez par-my les eaux. Et mettrez toutes lesdictes choses dedans l'oreille du Chien, en le mouuant tousiours, puis luy ferez pendre l'oreille pour faire tomber tout ce qu'aurez mis dedans. Cela fait, vous prendrez de l'huyle Lorin, laquelle ferez chauffer, et la met-*

trez dedans l'oreille, en l'estouppant auec du cotton trempé en icelle huyle: luy faisant toutes lesdictes choses par cinq ou six matins, et il guarira: mais il se faut prendre garde qu'il ne se gratte.

Recepte approuuee pour faire mourir tous chancres, d'artres, & ficz.

IL faut prendre vne dragme de Sublimé en poudre, et le mettre en vn mortier de plomb, auec le iust et dedans d'vn Citron, sans l'escorce: et quand le tout sera bien broyé, il y faut mettre dedans vn peu de vin-aigre, et d'eau, puis prendre d'Alun le poix d'vn escu, et autant de Sauon: lesquelz broyrez et meslerez auecq' les autres choses dessus-dictes. Et faictes boüillir le tout en vn petit pot, iusques a la consommation du tiers, puis appliquerez vostre-dicte decoction sur les dartres et chancres, qui seront sur la peau, et aux oreilles. Mais aux chancres qui sont sur la chair viue, comme au dedans la peau du vit, il faut faire boüillir le Sublimé et en ietter la premiere eau, a fin qu'elle ne soyt si corrosiue, en faisant comme dessus.

Recepte pour les playes des Chiens.

LE IVST de la fueille de Chou rouge est le souuerain baume pour les playes des Chiens, car si vn Chien est blecé, en appliquant le iust du Chou rouge sur la playe, il la consolidera soudainement: la raison est, que la chair du Chien est chaude et seche, et le chou de sa nature est chaut et humide.

I'eusse mis plusieurs autres receptes, mais craignant qu'on les trouuast ennuyeuses, i'ay seulement escript et mis les principales, et plus necessaires.

★ *Fin des Receptes.*

L'Adolescence de Iaques du FOVILLOVX, ESCVYER, Seigneur dudit lieu, en Gastines, pays de Poitou.

PENDANT le temps que le noble Françoys
Faisoit ployer la France soubz ses loix,
Tendre orfenin, sortant de la tetine,
Transporté fuz dehors de ma Gastine
Dans vn pays de boys et de rochiers,
Lieu bien hanté de Cerfz et de Sangliers :
En seruitude en ce lieu fu long-temps,
Et a Lynieres, ou ne perdy mon temps :
Ains euitant sans cesse la paresse
A ce plaisir exerçay ma ieunesse,
Qui est commun aux Princes et Seigneurs,
Comme auoyent fait tous mes predecesseurs :
Car volontiers nostre Genealogie
Les Filles ayme, Armes, et Venerie.

Or fus-ie esclaue enuiron de quinze ans,
N'ayant encore emotion et sens.
Quand i'eu vingt ans, il me print vne enuie
M'emanciper, viure a ma fantasie :
Comme vn Sanglier a troys ans se depart,
L'homme a vingt ans se met aussi a part.

De bon matin m'en allé de ce lieu,
N'oubliant rien, sinon a dire A-Dieu :

Prens mon Limier, m'enuois a l'auanture,
Et ma bouteille attache a ma ceincture.
Tant cheminay par Forestz et bocages
Que rencontray du Cerf dans les gagnages,
A la Bourdaine alors il viandoyt,
La iecte aussi dans la taille eruçoit :
Puis il s'en va tout le long d'vn chemin
Faisant sa ruze a l'esgail du matin.
Apres, fy tant de mon Chien Tire-fort
Que le randy d'asseurance en son fort :
Ou le brisay pour prendre les deuantz,
A son ressuy de mon Chien heu les ventz.
Ie le trouuay d'vne enceincte sorty,
Et d'vne Bische il s'estoyt departy :
Le frappe a route, et me metz sur les voys,
Du Chien, de moy, eussiez ouy la voix,
Sus, voylecy, allez, va y auant,
Par la fumee il s'en va de bon temps :
Voylecy par les portees,
Voylecy par les foulees,
Voylecy aller le Cerf,
Voylecy aller le Cerf,
A route a luy valet
Sus apres luy valet.
Par les Forestz maint escot resonnoyt
Par la faueur d'Echo qui respondoyt.
Or venoit-il ce gentil vent de Mer,
Qui me rendoyt le corps et pied leger,
Et si sentoys la fleur de l'Aubespine
Que ce doux vent apportoit de Gastine.
Apres mon Cerf me mis par les campagnes,
Ou le brisé au pied de deux montaignes,

Dessus un tronc, regardant ma bouteille,
Prenant repos, une heure ie sommeille.
On oyoit la le vent cytharizer
Qui me donnoit un aguillon d'aymer :
Comme des voix doucettes et menues,
Et me sembloit qu'elles venoyent des nues.

Je m'esueillay, et reprenant mes voys
Ie rencontray le Cerf sortant des boys:
Tant le suiuy par rochiers et espines,
Que le randy aux Forestz de Gastines :
Et le voyant d'entree viander,
Par la iugeay qu'il deuoit demeurer,
Ou le brisay aux genestz de verdure,
En le laissant reposer a nature.

Quand ie senty du genest les douceurs
Soudain m'endors dedans ces douces fleurs :
En sommeillant oüy sus un rocher
Un chant diuin, qui me vint allecher :
De m'approcher ie ne craigny mes peines,
A fin d'ouyr ces gentiles Serenes,
Qui de chansons doucement entonnees
Resioüyssoient montaignes et valees.

Quand i'auisay ce gay troupeau assis
Sus un rocher, veoir paistre ses brebis,
Chascune ayant dessus son beau tetin
Gentilement la quenoüille de lin :
Il me sembla apres ce mien reueil,
Voyant leur face, auiser le Soleil.
I'en choisis une ou mon cueur eut desir
Soudainement de prendre son plaisir.

Or faisoit il vne pluye doucette
Qui luy rendoit la couleur vermeillette.
La ell' estoyt en vn lieu a souhayt,
Plein tout autour de fleurs de Serpoulet :
Chantant ainsi a qui chanteroit mieux
Vn chant si doux qu'il transperçoit les Cieux.

M'approchant pres pour mieux les regarder
Soudain fuz prins de l'eguillon d'aymer,
Voyant la gaye et mignonne Bergere
Ayant le teint, et la couleur si clere :
Car point n'auoit de fart ne de ciuette,
Mais tout ainsi que Nature la faicte.

Point de touretz n'auoyt a son sommeil
Fors seulement la clairté du Soleil :
Elle n'estoyt point cherement enfermee,
Ains aux fureurs des ventz abandonnee :
Point ell' n'auoyt ambre, musc, ne odeurs,
Sa douce haleine luy seruoit de senteurs.
Point ne portoit fleur, beniouyn, gnacelle,
Onques parfuns ell' ne porta sur elle :
Mais elle alloit quand le temps estoyt gay
Entre les fleurs et rousees de May.
Point ne portoit gans de Chamoys, mitaines,
Ains en tout temps ha descouuert ses veines.
Ne portoit point de calçons ne patins
L'esgail lauoit ses piedz tous les matins.
Point ne trompoit le monde en ses cheueux,
Mais les siens vraiz luy tomboyent sur les yeux.
Pour se coeffer ne luy faut point d'empoys,
De mirouer, ne de teste de boys :
N'auoyt carquans, velours, ne chapperons,

Qu'vn couurechef tout plié a grillons:
Ni bucZ encor de soye violette
Qu'vn godillon de simple laine verte.
Elle n'auoyt au lieu de faux manchons
Qu'vn linge blanc sur ses petis bras blondz,
Ni iazerans, anneaux, ne braceletz,
Sur son gent corps, et ses tetins refaitz.
D'eau de mouron, de febue, ne saliue
Ne se fardoit, fors que de claire eau viue:
Eau de gougourde a elle point ne touche
Pour adoucir son visage et sa bouche.
Point ne portoyt de ce liege femelle
Pour amoindrir son seing et sa mammelle:
Vasquine nulle, ou aucun peliçon
Ell' ne portoit, ce n'estoyt sa façon.
Point ne prenoit vin blanc pour se baigner;
Ne drogue' encor pour son corps alleger:
Mais s'en alloit esbatre sur l'herbette
Dedans les prez au long de la Viette.
Nourrie estoyt non delicatement,
Les elementz estoyent son aliment,
Car le Soleil qui rend par tout splendeur
La contentoyt, et nourrissoit son cueur,
En luy rendant le deuoir de nature,
Contente estoyt de telle nourriture,
Et sa beauté en rien n'amoindrissoit,
Mais au contraire, en beauté reluysoit,
Qui me rendoyt vn amoureux desir
D'vn iour me veoir pres d'elle a mon plaisir.
Quand ie l'eu veüe a mon gré longuement,
Mon cueur d'vn feu fut espris viuement
Apperceuant la beauté du visage,

Et son parler qui sentoyt son ramage.
Or i'estois là caché pres d'vn rocher,
Et ne m'osoys de plus pres approcher,
Car mon esprit estoyt en grand' pensee
Si droit a ell' m'en irois d'arriuee.
Mon cueur me dit, ne te haste d'aller,
Elle pourra de ce roch deualler :
Lors approcher te pourras a l'emblee,
Et a ton gré veoir toute l'assemblee :
Ce que i'ay fait, ayant la patience
En attendant l'heure de ioüyssance.
Bien tost apres comme estois en propos
Veoir la Bergere, tout vint bien a propos :
Au Ciel oüy grand' tempeste et tonnerre,
Soudain ie vy la Nymphe sur la pierre,
Chantant vn chant si haut et amoureux
Qu'esclercir fist le Soleil et les Cieux.
Mon cueur alors commança l'ouuerture,
Le sang esmeu domina sur nature.
Me hazardé pour aller droit a elle,
Mais elle eut peur la gentille pucelle,
Et droit s'en va ou estoyent ses compagnes :
Puis ie descens tout au pied des montagnes,
En grand' tristesse enuiron de troys iours
Ie fu ainsi sans d'elle auoir secours.
Au bout du temps oüy vne musette
Dedans vn pré sur la menüe herbette :
Vers le rocher ie tourne le visage
Si ie verrois les brebis au gagnage.
Lors i'aduise la gentille fillette,
Qui escoutoit le son de la musette :
Vous eussiez veu chascune s'approcher

De ce sonneur : il commance a marcher,
Tousiours sonnant doucement les attire,
Mene la danse, et apres se retire,
Prenant plaisir veoir faire petis saulx
Aux gays Bergiers, dançans bransles noueaux
Sur la Viette riuiere de renom,
Qui en Gastine ha sur toutes le nom :
Ou font seiour les Serenes facondes,
Et de leur chant resiouyssent les ondes.
D'ouÿr le chant ie fuz tant resiouÿ
Qu'incontinent mis tristesse en oubly :
Tant fuz ioyeux d'entendre leur musique
Que fis clameur du pays magnifique.

Noble pays, qui sur toute la France
Auez produyt des filles d'excellence,
On ne scauroit en aucun ieu de pris
Autres trouuer qui emportent le pris :
Soit a chanter, et danser par mesure,
Car ces dons la procedent de Nature.
Je veoy les Roys et Princes estrangers
Estre apprentifz de voz branles legers.
Or ne desplaise au Tybre, ni au Rosne,
Ni au grand Nil, ni außi a la Saune,
Fleuues qui ont par l'vniuers grand bruyt,
Car la Viette apporte plus beau fruit :
D'vn Symoïs et Xanthe de renom
Nostre Viette ha surmonté le nom :
Digne d'auoir ses sources immortelles,
Puis que ses eaux nourrissent les pucelles.

Or chantez donc, et dansez les fillettes,
Vostre doux chant excede les musettes.

Chere Gastine, auant la mort me donne
Le coup du dart qu'ingrat ie t'abandonne.

Donques i'estoy mußé dans des espines
Pour contempler leur façon et leurs mines :
Au coing du roch, au bout de la prairie,
Estois tout coy, pour veoir la bergerie.
La se prenoit entr'-eux tant de soulas
Tant a danser qu'inuenter autre esbas,
Qu'il n'est poßible aux viuans curieux
Plus en auoir, sans le transport des cieux.

Pendant le temps qu'estois en ce plaisir
Voyant la Nymphe ou estoit mon desir,
Vous conteray au long de point en point
Qu'il m'arriua, dont fuz en piteux point.
Ma robbe estoyt de bonnes peaux de Loups,
Qui me venoyt assez mal a propous,
Car vn faux Loup rauit vne Brebis :
Lors les Bergiers firent de si haux cris
Que i'eu frayeur, et du lieu me despars,
Voicy venir mastins de toutes partz,
Courans au bruyt, et m'ont tranché chemin,
M'ont attrapé, chascun prend son lopin
De mon habit, et l'ont mis a l'enuers:
I'aduisay lors mes genoux descouuertz,
Dont m'escrié a haute pleine teste,
(Voyant ma robbe ilz me prenoyent pour beste)
Maint' aguillette arrachent de l'eschine,
Qui me causoit faire piteuse mine.
Mais Dieu voulut que la douce fillette
Oüyt mon cry, et court toute seulette,
Et me voyant tout rompu, vint descendre,

Prent sa quenoüille, et ayde a me deffendre:
En elle alors mon cueur fut imprimé,
Et bien ioyeux d'estre ainsi deliuré,
D'elle m'approche, et pres d'elle rangé
Je me sentis de beaucoup soulagé:
Car le doux vent de sa soüefue haleine
M'amoindrissoit de mes playes la peine.
En souspirant commance a l'ambrasser,
Et doucement son visage baiser,
Vous merciant la gentile fillette
Dont vous m'auez esté amye parfaite.
En cheminant tenoys sa blanche main,
Parlant a moy d'vn cueur doux et humain:

En me disant, y sceu priqueu marrie
De vostre enneu, et gronde fascherie,
Igle vouZ-ant pardingue soit grand mau,
Que fusiant mors les chiens qui sont ytau.
So vou plaiset de venir chez mon pere
Y vou donray do vin a bonne chere.

Je luy respondZ, ma douce et grand' amye
De bien bon cueur humblement vous mercie,
Et pour autant que i'ay fort bon vouloir
De vous aymer et vostre grace auoir
Je vous suply de prandre ce pendant
Du bon du cueur ce mien petit present.

Sur ces propos iettay sur la verdure
Deux beaux anneaux lacez d'vne ceinture:
Elle commance adonc a soy cliner,
Et les anneaux en son blanc seing serrer.
Il estoyt temps d'emmener ses aigneaux,
Car desia lors s'en alloyent a troupeaux

De tous costez ses compaignes, si bien
Que n'eumes point de plus parler moyen.
Prenant congé, me presenta la main,
Me promettant reuenir lendemain.
  Sur cest a-Dieu de moy s'est separee,
Ou la cogneu du dart d'amour frappee,
Car s'en allant, souuent tournoit sa face,
En me disant d'vne si bonne grace:
S'ra tou demoin enuiron de dix houre,
Ne faillé pas de vous trouuer a l'houre,
E da bon ser, adé adé vou dy,
Or a-Dieu donc la belle fille aussi.
  Lors attendant l'heure de la promesse
Par les bosquetz me pourmenoys sans cesse,
En escoutant le doux chant des oyseaux,
Qui resonnoyent a l'entour des ruisseaux:
Ou ie songeois es mignardises vaines
Qu'incessamment font les Dames mondaines,
Pour deceuoir leurs maryz et amys
Du deceptif langage d'Amadis,
Ne monstrant rien de leurs corps que la langue,
Langue d'aspic, pour dresser leur harangue,
Et leur fournaise aussi puante que soulfre,
Maudit soyt il qui dira bien du gouffre:
Mais les trouppeaux des Bergieres viuans
Au cler Soleil, et aux cieux reluysans,
Sont a aymer, tant pour leur doux langage,
Que leur banquetz de fruit et de laictage,
Entretenant vne beauté certaine,
Et de leur bouche alenant douce haleine.
  Lors quand ie vy qu'il estoit pres de l'heure
M'en allay voir des Brebis la demeure,

Sur vn coutaut en vn petit pasty,
Pres d'vn rochier, la Bergiere attendy.
Tantost l'ouy ses Brebis erodans,
Qui de sa voix faisoit de plaisans champs :
Car la coustume est ainsi en Gastines,
Quand vont aux champs, de hucher leurs voysines
Par mesme chant que metz cy en musique,
Rendant ioyeux tout cueur melancholique.

Comme les Bergieres erodent leurs Brebis.

Le chant & huchement des Bergieres.

Apres qu'elle eut son doux chant acheué
D'elle me suys de bien pres approché,
L'entretenant de parolle ioyeuse,
Luy promettant vn iour la faire heureuse.
Elle fut prompte a me prester l'oreille,
Son petit cueur souspirant a merueille.
Lors la prié dans les genetz nous seoir,
Entre nous deux se rengea bon vouloir.

Responce de la Bergere compaigne.

Ja le Soleil longuement esleué
Le sien chemin auoyt pres qu'acheué.
Lors Cupido nous donna l'auantage
Dans le vert boys tout remply de fueillage.
En vn beau lieu feutré d'herbe et de mousse
Va despoüiller des espaules sa trousse:
Et fism' vn lict sans plume ne couuerte
De douces fleurs, et de fougere verte,
Puis son bel arc bien tendu destendit,

En ce beau lieu son gentil corps tendit
De tout son long, sans point estre contrainte:
Feit son cheuet de la verdure peinte.
Lors me sentant si trespres de la belle
Faueur d'amour me va pousser sur elle:
En ce beau lieu fut faicte l'ouuerture
Pour accomplir les œuures de Nature,
D'vne tant douce et tant loyale amour,
Qui ha duré mainte annee et maint iour,
Viuant au boys comme vn tresbon hermite,
Au monde n'ha vie plus benedicte.

Ie fus ainsi quelque espace de temps
Auec Bergers, me donnant du bon temps,
Qui sont ioyeux, et n'ont autre sommeil,
Quand le bruyt court, que trouuer le preueil:
La ou se void de Gastines les perles,
Plus plaisantes et resiouyes que Merles,
Tant bien dansans' au son des cornemuses,
En ce plaisir souuent ell' font leurs muses
D'esprit ramage, et cueur en gayeté,
En conspirant toute ioyeuseté.

La vous verrez ces iolis bacheliers
Faire gambade, et des saux a miliers,
Iettant œillade, et aussi regardz maintz,
Dessus les filles, et qui n'en font pas moins.

Voyla comment, sans aymer a moytié,
Les deux amans ont pris leur amytié.
Priant le Dieu de tous vrays amoureux
Qu'ainsi que moy soyent en Gastine heureux.

Fin de l'Adolescence.

COMPLAINTE DV Cerf a monsieur du Fouilloux, par Guillaume Bouchet.

Si pour sauuer des Chiens ma vie fugitiue
A l'homme ie me rendz, & de mon gré le suyue :
Si a luy i'ay recours, affin de m'esloigner
Des Limiers, que ie sens a ma mort s'acharner :
Pourquoy, seigneur Fouilloux, est-ce que tu les cornes ?
Si a l'hôme me rendz, en rabaissant mes cornes,
Pourquoy luy apprens-tu auec mille instrumens
Tendre toiles & retz pour me mettre dedans ?
Pourquoy l'enseigne-tu ? est-ce affin qu'il me prene,
Ou pour soudain mourir dans les retz il me mene ?
Mes larmes, & mon poil, mes cors tousiours croissans
Luy profitent assez, sans qu'or auant mes ans
Mes forces par ses mains me soyent du tout rauies :
Car ma corne guerist autant de maladies
Que de foys on la veoyt sur le haut de mon front
Renaistre, tous les ans faisât vn nouueau tronc.
Lon en chasse, bien tost, la douleur qui vironne
Dans le cerueau esmeu, & ses espritz estonne,
Si estant bien pilee vne dragme on en boyt
Lon en purge l'humeur, & le trop qui croissoyt.
Aux talons escorchez on faict la peau reprêdre,
Lon faict mourir les cors qui veulent loing s'estendre.
Le mal long & tardif de l'humeur trop puissant
Par ma corne est guery, rendât le corps poisant.
Quand l'humeur froid ou chaut l'vn sur l'autre maistrise,
Ma force & ma vertu empesche l'entreprise.
De la femme on retient l'amarry & les fleurs,
Si peu elle se purge ou trop, seruant aux deux.
Guerist le mal des yeux, quand d'vne obscure nue,
Croissant, il veut voyler & veut siller la veüe.
La rate lon remet, qui espand par le corps
Vne iaune poison, appaise les effortz
De l'humeur chaut ou froid, qui enragément blece
Les tendres nerfz des dentz, l'humeur tombant sans cesse.
De la froide colique on sent fuyr les ventz
Alongeans les boyaux auec mille tormentz.
Si quelqu'vn s'est brusle, ma corne mise en poudre
Le soulage aussi tost, & sa peau faict resoudre.
Elle soulage aussi vn homme empoisonné
Que l'auare heritier, las, aura bouconné,
Et resiste au venin : desechant elle tue
Tous les versformillans d'vne chair corrompue.
Mais quoy ? Ie chante en vain de ma corne l'honneur,
Et l'honneur qui me nuist. Ie sens desia la peur
Me mettre vne aisle au pied, affin que ie me cache
Par le couuert des boiz, ou ma vie s'arrache
Des dêtz des gros Clabaux, me talônans de pres.
Le cor emplist le ciel, ie veoy desia les retz,
Et ie veoy le Veneur, qui la flesche dressée
Mesure en encochant mon flanc a sa visee :
Et affin qu'il ne faille a me rendre aux abboiz,
Ie veoy bien le Fouilloux, la crainte de noz boiz,
Luy remerquer au doigt mes traces & ma couche,
Affin que seurement il me suyue & me touche :
Comme dedans la trompe il doyt le son hausser
Quand il veut en fuyant aux dogues m'eslancer,
Et corner, a la fin, la prise pour m'occire,
Et ce qui s'en ensuyt, las, que ie ne puys dire.
Peut estre qu'il pretend trouuer dedans mon corps
Des remedes autant comme dedans mes cors :
Car vsant de ma moelle, on appaise les peines
Quand le ventre est pressé de ses plus fortes geines :
Et par ma moelle encor & mon suif sont remis
Les mêbres & les nerfz, quâd ilz sont refroidis.
Soyt que mon estomach pour medecine apporte
Des pierres, empeschans que la femme n'auorte.

Ou soyt que ma nature a vn lit de Venus
Eschauffe les maryz trop couardz & recruz.
Ou bien que dans mon cueur vn petit os on treuue
Qui engarde trembler ceux qui en font epreuue.
Soyt que ma tendre chair on presente aux repas
Des Roys & des seigneurs, entre les premiers platz:
Si qu'en mangeãt souuent, peu a peu lon cõsume
Des fiebures la chaleur, qui aux veines s'allume:
Et qui plus est, ma chair faict prolonger les ans,
Qui poisent sur le chef des hommes vieillissans.
Mais homme mal-heureux, si mon eage te passe,
Veux-tu que contre Dieu le tien allonger face?
Faut-il, en me mangeant, celuy la auier
Qui par ma dure mort veut sa vie allonger?
Si tous ces grans biens la viennent de mon dommage,
Qu'apres ma mort ce soyt, ie ne vy plus q'vn eage:
Si c'est pour le plaisir, les bestes poursuy donc
Lesquelles nul profit, mais dommage te font.
Sinon, puisse estre ainsi, que des Dieux la puissance
Autant que toy a nous te face de nuissance,
Et plus iustes encor, qu'ilz t'enuoyent souuent
La guerre, la famine, & la peste suyuant:
Affin que retenu en ce mal-heur contraire
Tu ne nous veuille plus ou nous puisse meffaire.
Mais si tu demourois en tes maux courageux,
Despitãt la puissance, & le courroux des Dieux,
Puisse-tu rencontrer Diane Cynthiene
Toute nue baigner dedans quelque fontaine,
Et ainsi qu'Acteon, comme moy Cerf tourné,
Bramer deuant ton Chien dessus toy attiné,
Qui succera ton sang, iusqu'atant que lon pense
Ceste peine cruelle esgaller ton offence.

FIN.

www.ingramcontent.com/pod-product-compliance
Ingram Content Group UK Ltd.
Pitfield, Milton Keynes, MK11 3LW, UK
UKHW022055260726
13993UKWH00001B/139

9 782329 211831